Schaum's Foreign Language Series

D1461578

ECONOMIE ET FINANCE

LECTURES ET VOCABULAIRE

EN FRANÇAIS

Conrad J. Schmitt

Katia Brillié Lutz

McGraw-Hill, Inc.
New York   St. Louis   San Francisco   Auckland
Bogotá   Caracas   Lisbon   London   Madrid   Mexico   Milan
Montreal   New Delhi   Paris   San Juan   Singapore
Sydney   Tokyo   Toronto

Sponsoring Editors: John Aliano, Meg Tobin
Production Supervisor: Janelle Travers
Editing Supervisor: Patty Andrews
Cover Design: Wanda Siedlecka
Text Design and Composition: Suzanne Shetler/Literary Graphics
Graphs: Andrew D. Salik
Printer and Binder: R.R. Donnelley and Sons Company

ECONOMIE ET FINANCE

1 2 3 4 5 6 7 8 9 10 11 12 13 14 15 DOC DOC 9 8 7 6 5 4 3 2

ISBN 0-07-056825-1

Library of Congress Cataloging-in-Publication Data
Conrad J. Schmitt
  Economie et finance: lectures et vocabulaire en français
  Conrad J. Schmitt, Katia Brillié Lutz
        p.   cm.—(Schaum's foreign language series)
  ISBN 0-07-056825-1
  1. French language—Business French.   2. French language—
  Readers—Finance.   3. French language—Readers—Economics.
  4. French language—Textbooks for foreign speakers—English.
  5. Economics—Problems, exercises, etc.   6. Finance—Problems.
  exercises, etc.   I. Lutz, Katia Brillié.   II. Title.   III. Series.
  PC2120.C6S34   1993
  448.6'421'02465—dc20   91-11288
                                                                                  CIP

ABOUT THE AUTHORS

Conrad J. Schmitt

Mr. Schmitt was Editor-in-Chief of Foreign Language, ESL, and Bilingual Publishing with McGraw-Hill Book Company. Prior to joining McGraw-Hill, Mr. Schmitt taught languages at all levels of instruction from elementary school through college. He has taught Spanish at Montclair State College, Upper Montclair, New Jersey; French at Upsala College, East Orange, New Jersey; and Methods of Teaching a Foreign Language at the Graduate School of Education, Rutgers University, New Brunswick, New Jersey. He also served as Coordinator of Foreign Languages for the Hackensack, New Jersey, Public Schools. Mr. Schmitt is the author of many foreign language books at all levels of instruction, including the communicating titles in Schaum's Foreign Language Series. He has traveled extensively throughout France, Canada, Martinique, Guadeloupe, Haiti, Tunisia, and Morocco. He presently devotes his full time to writing, lecturing, and teaching.

Katia Brillié Lutz

Ms. Lutz was Executive Editor of French at Macmillan Publishing Company. Prior to that, she taught French language and literature at Yale University and Southern Connecticut State College. Ms. Lutz also served as a Senior Editor at Harcourt Brace Jovanovich and Holt, Rinehart and Winston. She was a news translator and announcer for the BBC Overseas Language Services in London. Ms. Lutz has her Baccalauréat in Mathematics and Science from the Lycée Molière in Paris and her Licence ès lettres in Languages from the Sorbonne. She was a Fulbright Scholar at Mount Holyoke College. Ms. Lutz is the author of many foreign language books at all levels of instruction. She presently devotes her full time to teaching French at the United Nations and writing.

PREFACE

The purpose of this book is to provide the reader with the vocabulary needed to discuss the fields of Economics and Finance in French. It is intended for the individual who has a basic background in the French language and who wishes to be able to converse in this language in his or her field of expertise. The book is divided into two parts—Part One, Economics and Part Two, Finance. The content of each chapter focuses on a major area or topic relative to each of these fields. The authors wish to stress that it is not the intent of the book to teach Economics or Finance. The intent of the book is to teach the lexicon or vocabulary needed to discuss the fields of Economics and Finance in French. It is assumed that the reader has learned about these fields either through college study or work experience.

The specific field-related vocabulary presented in this book is not found in basic language textbooks. This book can be used as a text in a specialized French course for Economics and Finance. The book can also be used by students studying a basic course in French who want to supplement their knowledge of the language by enriching their vocabulary in their own field of interest or expertise. This adds a useful dimension to language learning. It makes the language a valuable tool in the modern world of international communications and commerce. Since the gender of nouns related to professions in the romance languages involves grammatical changes that are sometimes quite complicated, we have, for the sake of simplicity, used the generic **le** form of nouns dealing with professions.

Using the Book

If a student uses the book on his or her own in some form of individualized study or leisurely reading, the following procedures are recommended to obtain maximum benefit from the book.

Since the specific type of vocabulary used in this book is not introduced in regular texts, you will encounter many unfamiliar words. Do not be discouraged. Many of the words are cognates. A cognate is a word that looks and may mean the same in both French and English but is, in most cases, pronounced differently. Examples of cognates are **la corporation** and **la compagnie.** You should be able to guess their meaning without difficulty, which will simplify your task of acquiring a new lexicon.

Before reading the chapter, proceed to the exercises that follow the reading. First, read the list of cognates that appears in the chapter. This cognate list is the first exercise of each chapter. Then look at the cognate exercises to familiarize yourself with them.

Continue by looking at the matching lists of English words and their French equivalents. These matching lists present words that are not cognates, that is, those words that have no resemblance to one another in the two languages. Look at the English list only. The first time you look at this exercise you will not be able to determine the French equivalent. The purpose of looking at the English list is to make you aware of the specific type of vocabulary you will find in reading the chapter. After having looked at the English list, read the French list; do not try to match the English-French equivalents yet.

After you have reviewed the cognates and the lists of English words, read the chapter quickly. Guess the meanings of words through the context of the sentence. After having read the chapter once, you may wish to read it again quickly.

After you have read the chapter once or twice, attempt to do the exercises. Read the chapter once again, then complete those exercises you were not able to do on the first try. If you cannot complete an exercise, check the answer in the Answer Key in the Appendix. Remember that the exercises are in the book to help you learn and use the words; their purpose is not to test you.

After going over the exercises a second time, read the chapter again. It is not necessary for you to retain all the words; most likely, you will not be able to. However, you will encounter many of the same words again in subsequent chapters. By the time you have finished the book, you will retain and be familiar with enough words to enable you to discuss the fields of Economics and Finance in French with a moderate degree of ease.

If there is a reason for you to become expert in carrying on economic or financial discussions in French, it is recommended that you reread the book frequently. It is more advantageous to read and expose yourself to the same material often. Do not attempt to study a particular chapter arduously until you have mastered it. In language acquisition, constant reinforcement is more beneficial than tedious, short-term scrutiny.

In addition to the vocabulary exercises, there is a series of comprehension exercises in each chapter. These comprehension exercises will provide you with an opportunity on your own to discuss economic and financial matters and will enable you to use the new vocabulary you just learned.

If you are interested in fields other than Economics and Finance, you will find, on the back cover of this book, a complete list of the titles and the fields available to you.

CONTENTS

PREMIERE PARTIE: L'ECONOMIE

CHAPITRE 1   Qu'est-ce que l'économie?   3

CHAPITRE 2   Les systèmes économiques   13

CHAPITRE 3   Le marché   19

CHAPITRE 4   L'économie et l'état   29

CHAPITRE 5   Les entreprises commerciales   41

CHAPITRE 6   Le chômage et l'inflation   51

CHAPITRE 7   L'argent et la banque   63

CHAPITRE 8   Le commerce international   71

CHAPITRE 9   Les finances internationales   79

DEUXIEME PARTIE: LA FINANCE

CHAPITRE 10   Introduction   89

CHAPITRE 11   Le système financier   97

CHAPITRE 12   Les types d'entreprise   109

CHAPITRE 13   Les impôts   117

CHAPITRE 14   L'intérêt composé   123

CHAPITRE 15   Les plans d'investissement   127

CHAPITRE 16   Les états financiers   133

CHAPITRE 17   Planification et contrôle   139

CHAPITRE 18   Fusions et faillite   145

CHAPITRE 19   Finances internationales   149

ANSWERS TO VOCABULARY EXERCISES   155

FRENCH-ENGLISH VOCABULARY   169

ENGLISH-FRENCH VOCABULARY   185

INDEX   199

Première partie
L'ECONOMIE

Chapitre 1
QU'EST-CE QUE L'ECONOMIE?

Les différents aspects

On peut définir l'économie de plusieurs manières: C'est l'étude des décisions que l'on prend en matière de production, de distribution et de consommation de biens et de services. C'est l'étude de la façon dont les sociétés décident ce qui va être produit, comment cela va être produit et par qui, compte tenu des ressources dont on dispose. C'est l'étude du comportement des individus lorsqu'ils produisent, distribuent et consomment des biens et des services, dans un cadre de ressources prédéterminées. L'économie traite de l'utilisation ou du contrôles de ressources limitées des consommateurs.

Les besoins matériels de la société, ceux des individus aussi bien que ceux des institutions, sont pour ainsi dire illimités. Les besoins peuvent être de première nécessité, comme la nourriture et le logement, ou être des biens ou services de luxe, comme les yachts et les parfums. Il est évident que ce qui est aujourd'hui un luxe peut devenir, demain, une nécessité, et ce qui est une nécessité pour certains est un luxe pour d'autres.

Mais les ressources économiques ont des limites. Elles représentent l'ensemble des ressources naturelles, des ressources humaines, et des ressources qui sont produites pour la fabrication de biens et la création de services. Nous entendons par là les biens immobiliers, les ressources minérales, les usines, les fermes, les commerces et tout l'équipement mécanique et technique, les moyens de communication et de transport, ainsi que la main-d'œuvre professionnelle, technique, administrative et ouvrière. Les ressources peuvent être divisées en deux catégories: ressources de propriété, c'est-à-dire biens immobiliers, matières premières et capital, et ressources humaines.

L'utilisation des ressources

Une vérité economique est que la rareté des ressources productives fait qu'il est impossible de satisfaire tous les besoins de la société en ce qui concerne les biens et les services. Cette rareté nous oblige à faire un choix entre les différents biens et services.

En consacrant les ressources à un certain usage, on limite, ou on rend impossible, l'utilisation de ces ressources à d'autres fins. On a sacrifié un but à un autre. Le nom que l'on donne à ce sacrifice est «manque à gagner». Etant donné que les ressources ne peuvent jamais satisfaire tous les besoins, toute activité entraîne un manque à gagner. Cela se produit dans la vie de tous les jours. Si un étudiant décide d'aller au cinéma au lieu d'étudier, il sacrifie l'occasion d'étudier. Dans ce cas, étudier représente le manque à gagner.

Pour comprendre le manque à gagner de chaque décision, prenons un exemple. Supposons que deux produits seulement soient en compétition pour la main-d'œuvre dans leur usine: des réfrigérateurs et des téléviseurs. Ne tenons pas compte ici des autres facteurs de fabrication. Il y a 100 travailleurs disponibles par semaine. D'abord, il faut déterminer le nombre de réfrigérateurs ou de téléviseurs qui peuvent être fabriqués dans ces circonstances. Si toute la main-d'œuvre se consacre à fabriquer les réfrigérateurs, le manque à gagner serait une absence totale de téléviseurs. Les possibilités de production sont les combinaisons de biens et de services que l'on peut produire en un temps donné avec toutes les ressources et toute la technologie disponible.

Dans cet exemple, pour savoir quelles sont les possibilités de production, il faut savoir quel est le nombre d'ouvriers dont on a besoin pour chaque réfrigérateur ou téléviseur. Le tableau ci-après nous montre les diverses possibilités. La première colonne nous indique le résultat qu'on obtient si toute la main-d'œuvre se consacre exclusivement à la fabrication des réfrigérateurs. Il y a 100 ouvriers. Il faut deux ouvriers par semaine pour chaque réfrigérateur. On peut ainsi fabriquer 50 réfrigérateurs par semaine. Mais du fait qu'on consacre toute la main-d'œuvre disponible à la fabrication des réfrigérateurs, on ne peut pas fabriquer de téléviseurs. Si nous voulons des téléviseurs, il nous faudra réduire le nombre de réfrigérateurs que l'on fabrique. Telle est la décision à prendre.

Total de la main-d'œuvre	Nombre de réfrigérateurs	Total de la main-d'œuvre pour les réfrigérateurs
100	50	100
100	40	80
100	30	60
100	20	40
100	10	20
100	0	0

Le tableau nous montre toutes les options. Si l'on produit seulement 40 réfrigérateurs par semaine, on peut mettre 20 ouvriers à la fabrication des téléviseurs. On pourra produire 10 téléviseurs par semaine. Le manque à gagner pour les 10 téléviseurs, c'est les 10 réfrigérateurs qui ne seront pas fabriqués parce qu'on a mis 20 ouvriers à la fabrication des téléviseurs au lieu des réfrigérateurs.

La microéconomie et la macroéconomie

La microéconomie étudie le consommateur en tant qu'individu. Pourquoi se comporte-t-il d'une certaine manière? Pour quelles raisons achète-t-il certains produits et pas d'autres? Sur quoi fonde-t-il ses décisions? Quels sont les facteurs qui provoquent des changements d'habitude chez le consommateur? Outre les économistes, les psychologues, les sociologues et les publicistes s'intéressent à ces questions. Les réponses à ces questions expliquent ce qui se passe actuellement sur les marchés et permettent aux économistes de prévoir ce qui se passera plus tard. Il est important de rappeler que le simple achat d'un bien fait appel à un certain nombre de facteurs tels que le goût du consommateur, son désir ou non d'acheter, le prix et la disponibilité des biens convoités. Quand on tient compte de tous les facteurs et de leur influence sur le consommateur, on peut prévoir comment celui-ci réagira à un changement de prix dans tel ou tel produit, ou à tout autre facteur ayant une influence sur le marché.

La macroéconomie étudie non pas l'individu, comme le fait la microéconomie, mais l'économie dans sa totalité. C'est l'étude de l'ensemble des comportements économiques. Les théories macroéconomiques essaient d'expliquer le cycle commercial, et la politique macroéconomique essaie de contrôler ce cycle. Il serait souhaitable[1] de ne pas avoir de périodes de chômage, d'inflation et de récession, de taux d'intérêt très élevé et de croissance économique trop lente. Quels sont donc les mesures politiques qui pourraient contrôler le cycle commercial?

Pour beaucoup d'économistes qu'on appelle «classiques», l'économie se contrôle elle-même, face aux déviations qui feraient obstacle à une tendance de croissance à long terme. Ces économistes classiques basent leur théorie optimiste sur l'expérience du dix-neuvième siècle et des trois premières décennies du vingtième siècle. A peu d'exceptions près, cela a été une période d'expansion économique avec davantage de production, un plus grand nombre d'emplois, et un rendement presque constamment supérieur. La flexibilité aussi bien des prix que des salaires était la base de l'optimisme des classiques. Si un produit ne se vendait pas, il y avait deux possibilités: soit en baisser le prix pour faire augmenter la demande, soit réduire la production et par conséquent les coûts de production, et de ce fait, licencier[2] quelques ouvriers.

La loi de la demande veut que la baisse de prix d'un produit résulte en une augmentation des ventes. Si le prix tombe suffisamment, tout le produit se vend. Mais si on congédie quelques ouvriers, ils iront travailler ailleurs pour un salaire inférieur. Les salaires étant alors plus bas, les producteurs embaucheront[3] davantage d'ouvriers. Ainsi, la flexibilité des salaires a pour résultat de fournir un emploi à tous ceux qui veulent travailler. La «loi de Say», qui porte le nom de l'économiste français du dix-neuvième siècle Jean-Baptiste Say, déclarait que «l'offre crée sa propre demande»: tout ce qui se produit se vend, tous les gens qui cherchent un emploi en trouvent un. Même s'il y a temporairement des produits qui ne se vendent pas et du chômage, tout se résoud après une période d'adaptation. Selon la théorie «classique», une grande dépression économique est impossible.

---

[1] desirable   [2] lay off   [3] will hire

ETUDE DE MOTS

Exercice 1   Study the following cognates that appear in this chapter.

l'économie	l'absence	minéral
la manière	la combinaison	professionnel
l'étude	la technologie	technique
la décision	la possibilité	administratif
la production	le résultat	productif
la distribution	l'option	différent
la consommation	la microéconomie	diverse
le service	la macroéconomie	total
la société	le changement	politique
les ressources	l'économiste	
le comportement	le psychologue	décider
l'individu	le sociologue	produire
l'utilisation	la question	distribuer
le contrôle	la réponse	consommer
le maximum	l'influence	satisfaire
le consommateur	la totalité	représenter
l'institution	la théorie	diviser
le luxe	la période	concerner
la nécessité	l'inflation	obliger
la limite	la récession	consacrer
la fabrication	la mesure	supposer
la création	la déviation	indiquer
le transport	l'expérience	obtenir
l'usage	le déficit	réduire
l'exemple		fonder
la compétition	limité	provoquer
le réfrigérateur	illimité	expliquer
le téléviseur	matériel	permettre
le facteur	évident	baser
le nombre	économique	
la circonstance	humain	

Exercice 2   Match the verb in Column A with its noun form in Column B.

A	B
1. décider	a. l'utilisation
2. produire	b. la combinaison
3. distribuer	c. la fabrication
4. consommer	d. la réduction
5. utiliser	e. la décision
6. contrôler	f. l'indication
7. limiter	g. le résultat

8. fabriquer	h. la production
9. créer	i. la distribution
10. transporter	j. la satisfaction
11. combiner	k. la création
12. résulter	l. le changement
13. changer	m. la consommation
14. influencer	n. le contrôle
15. satisfaire	o. le transport
16. indiquer	p. l'influence
17. réduire	q. la limite

Exercice 3 Match the word in Column A with its opposite in Column B.

A	B
1. la consommation	a. la nécessité
2. un individu	b. partiel
3. maximum	c. la réponse
4. le luxe	d. la production
5. une absence	e. une présence
6. la question	f. illimité
7. total	g. un groupe, une société
8. l'inflation	h. multiplier
9. limité	i. le minimum
10. diviser	j. la récession

Exercice 4 Select the appropriate word(s) to complete each statement.

produire	la distribution	le distributeur
distribuer	la consommation	le consommateur
consommer	la production	le producteur
le produit		

1. Le producteur _____ les biens et les services et le consommateur les _____.

2. Le _____ produit les _____ pour la _____ des _____.

3. Les produits ou biens n'arrivent pas au _____ sans l'intervention du _____.

4. Le transport est un facteur important dans la _____ des _____ (biens).

5. L'économie étudie les décisions qu'on prend sur la _____, la _____ et la _____ des biens et des services.

Exercice 5 Give the appropriate adjective.

1. de l'administration
2. de la profession
3. de la technique

4. en totalité
5. de l'humanité
6. de la politique
7. qui présente une différence

Exercice 6   Match the word in Column A with its definition in Column B.

A	B
1. la manière	a. la quantité
2. les ressources	b. les matériaux
3. l'individu	c. clair, certain
4. la nécessité	d. faire
5. le nombre	e. la personne
6. une option	f. le besoin
7. évident	g. une possibilité, une alternative
8. produire	h. la façon
9. indiquer	i. recevoir
10. supposer	j. imaginer
11. obtenir	k. laisser, donner la permission
12. permettre	l. montrer

Exercice 7   Match the English word in Column A with its French equivalent in Column B.

A	B
1. goods	a. les biens
2. manpower	b. les ouvriers, les travailleurs
3. human resources	c. le marché
4. real estate	d. le comportement
5. workers	e. la main-d'œuvre
6. price	f. le prix
7. raw materials	g. le cycle commercial
8. production possibilities	h. l'usine
9. market	i. les ressources humaines
10. business cycle	j. la rareté
11. policy	k. les biens immobiliers
12. behavior	l. les possibilités de production
13. factory	m. l'équipement
14. equipment	n. l'achat
15. scarcity	o. la politique
16. purchase	p. les matières premières

Exercice 8   Select the appropriate word(s) to complete each statement.
1. _____ du gouvernement essaie de contrôler l'économie.
   a. Le cycle commercial   b. La politique économique
   c. Le comportement économique

2. Pour satisfaire les besoins de la société il faut produire des _____ et des services.

   a. biens   b. ressources   c. individus

3. Le contraire de «la vente» (l'action de vendre) est _____.

   a. l'achat   b. la consommation   c. la distribution

4. Les propriétés telles que les maisons, les usines, etc., sont des

   _____.

   a. ressources humaines   b. matières premières   c. biens immobiliers

5. Les minéraux sont des _____.

   a. biens fabriqués   b. matières premières   c. équipements

6. Les _____ travaillent dans une usine.

   a. économistes   b. usages   c. ouvriers

Exercice 9   Give the word or expression being defined.

1. les produits
2. le coût, combien ça coûte
3. l'insuffisance, les limitations
4. les travailleurs
5. l'ensemble du matériel industriel
6. l'ensemble des employés
7. les maisons, les usines, la propriété en général
8. les ressources naturelles dans leur état original avant d'être transformées industriellement

Exercice 10   Match the English word in Column A with its French equivalent in Column B.

A	B
1. need	a. le but
2. availability	b. tenir compte
3. scarcity	c. le besoin
4. goal, aim	d. le publiciste
5. cost of opportunity	e. à long terme
6. manufacturing	f. la disponibilité
7. advertising agent	g. le chômage
8. to react	h. la rareté
9. to take into account	i. la croissance économique
10. to entail	j. le manque à gagner
11. to foresee	k. le taux d'intérêt
12. means of communication	l. entraîner
13. unemployment	m. la valeur
14. economic growth	n. réagir
15. long-term	o. la monnaie
16. currency	p. la fabrication
17. value	q. prévoir
18. interest rate	r. le moyen de communication

Exercice 11   Complete each statement with the appropriate word(s).
1. _____ des Etats-Unis est le dollar.
2. _____ de la France est le franc français.
3. Actuellement _____ d'intérêt est à peu près 5% mais cela peut changer.
4. Il est souvent difficile de _____ les changements économiques, c'est-à-dire de déterminer le climat économique à l'avenir (au futur).
5. Il faut _____ du prix quand on prend une décision sur un achat.
6. _____ des ressources fait qu'il est impossible de satisfaire tous les _____ ou nécessités de la société.
7. Il y a peu de chômage pendant une période de _____. Il y en a beaucoup pendant une récession.
8. Le téléphone est un _____. Le télécopieur (fax) en est un autre.

Exercice 12   Give the opposite of each of the following words or expressions.
1. à court terme
2. le plein emploi (quand tout le monde a du travail)
3. la récession
4. la disponibilité
5. le luxe
6. ne pas considérer
7. la vente

Exercice 13   Select the correct French equivalent.
disponible   la disponibilité   disposer
1. to have available
2. available
3. availability

Exercice 14   Match the term in Column A with its description in Column B.

A	B
1. les ressources économiques	a. la main-d'œuvre
2. les ressources humaines	b. les matières premières
3. les ressources naturelles	c. l'argent disponible
4. les ressources fabriquées	d. l'équipement

COMPREHENSION

Exercice 1   True or false?
1. L'économie étudie la production, la distribution et la consommation de biens et de services.
2. Les besoins matériels de la société sont universels, c'est-à-dire les mêmes partout.

3. La rareté veut dire que le produit ou la ressource existe sans limite; elle est toujours disponible.
4. Puisque les ressources productives et humaines sont illimitées, il est possible de satisfaire tous les besoins de la société.

Exercice 2   Select the appropriate word(s) to complete each statement.
1. Les ressources naturelles (matières premières) sont _____.
   a. illimitées   b. limitées   c. productives
2. L'économie essaie de satisfaire _____.
   a. les besoins humains   b. la publicité   c. les services de luxe
3. Un besoin de première nécessité est _____.
   a. un yacht   b. le capital   c. le logement
4. Le nom donné à l'obligation de faire un choix entre ce qu'on va produire et ce qu'on ne va pas produire est _____.
   a. les possibilités de production   b. le manque à gagner
   c. le cycle commercial
5. Les combinaisons de biens et de services qu'on peut produire sont

   _____.
   a. les possibilités de production   b. le manque à gagner
   c. le cycle commercial

Exercice 3   Tell whether the following terms apply to **la microéconomie** or **la macroéconomie.**
1. l'étude des récessions et des croissances économiques du monde
2. la valeur des monnaies (devises) internationales
3. le comportement économique des individus
4. le taux d'inflation et le taux de change
5. la demande future (potentielle) d'un bien ou d'un produit

Exercice 4   Answer.
1. Qu'est-ce que l'économie?
2. Quel est le but (l'objectif) principal de l'économie?
3. Pourquoi faut-il sacrifier la fabrication d'un bien pour un autre?
4. Quelle est la différence entre la microéconomie et la macroéconomie?

Exercice 5   In your own words, explain each of the following terms.
1. les ressources économiques
2. la rareté
3. le manque à gagner
4. la macroéconomie

Chapitre 2
LES SYSTEMES ECONOMIQUES

Ce siècle a vu la création de plusieurs systèmes économiques. Le capitalisme, le socialisme, le communisme et autrefois le fascisme sont des systèmes fondés sur une idéologie économique. D'un extrême à l'autre, on va du capitalisme pur, marché libre ou «laisser-faire», à une économie entièrement contrôlée dont le meilleur exemple est le communisme pur. Mais de nos jours, il n'existe plus d'économie «pure». Pratiquement toutes les économies sont mixtes; le capitalisme est quelquefois réglementé par le gouvernement, et le communisme va vers la privatisation. Jusqu'à présent, l'économie de Hong Kong est un exemple d'économie laisser-faire, même si elle n'est pas non plus totalement pure. L'économie de la Chine à l'époque de Mao Tsé-Toung se rapproche de l'extrême que représente une économie contrôlée ou autoritaire. Les pays industrialisés ont essayé de résoudre la «question économique» de façon différente, mais ce sont toujours les mêmes questions qui se posent: qui contrôle les moyens de production, et qui gère et coordonne les diverses activités économiques?

Le capitalisme

Le capitalisme est un système de production fondé sur l'entreprise privée et la liberté du marché. L'activité économique est régie par un système de prix et de marchés. Les décisions sont aux mains de diverses personnes et organisations. Ces décisions servent les intérêts des individus et des organisations qui en tirent des revenus. Chacun veut obtenir le maximum possible. Les marchés représentent le mécanisme par lequel on coordonne et on communique les décisions. La concurrence dans la production des biens ou des services fait qu'il y a un grand nombre de vendeurs et d'acheteurs pour chaque produit. Ces vendeurs et ces acheteurs fonctionnent indépendamment. En théorie, le système de marché libre engendre l'efficacité, la stabilité du travail et la croissance économique. Le rôle du gouvernement dans ce système est de protéger la propriété privée et de faciliter le fonctionnement du marché libre. Mais on peut dire que l'intervention de l'Etat dans l'économie va à l'encontre du marché libre.

Les économies contrôlées

Dans une économie autoritaire ou contrôlée telle que le communisme, le socialisme ou autrefois le fascisme, le rôle du gouvernement est primordial. La propriété privée existe à peine. Toutes les ressources exploitées appartiennent au peuple, à l'Etat. La prise de décisions et la planification économique sont centralisées. Dans chaque industrie, un comité directeur détermine ce qu'on produit, en quelle quantité, par quel moyen, et comment se fera la distribution. Dans la planification, on spécifie les objectifs de production, les quantités des diverses ressources qu'on va utiliser et la main-d'œuvre dont on a besoin. Le gouvernement détermine quelle est l'activité de chaque travailleur et l'endroit où il va travailler. C'est le gouvernement qui décide si on va produire des tracteurs, des voitures ou des tanks. Comme nous l'avons vu, il n'existe aucune économie totalement autoritaire même s'il y a des pays où l'Etat exerce un contrôle dominant. Ainsi, l'Etat peut déterminer où les travailleurs vont vivre, dans quel domaine ils travailleront et comment ils seront habillés.

Les économies mixtes

S'il n'existe ni d'économie de marché libre ni d'économie totalement autoritaire, comment décrire les économies actuelles? Elles sont toutes mixtes. Dans une économie mixte, le secteur privé aussi bien que l'Etat joue un rôle dans la prise de décisions économiques. Une économie mixte peut se rapprocher du modèle de marché autoritaire ou du modèle de marché libre ou bien rester entre les deux. A Hong Kong, par exemple, le gouvernement n'intervient pratiquement pas dans l'économie. Il prélève toutefois des impôts destinés à financer l'éducation et autres services sociaux. Aujourd'hui dans la CEI (Communauté des Etats indépendants, l'ancienne Union soviétique), l'économie se transforme de plus en plus, s'éloignant du système autoritaire et se rapprochant du système de marché libre. Aux Etats-Unis, l'Etat offre à la population un grand nombre de services, dont la Sécurité Sociale. Dans une véritable économie de marché libre, l'Etat ne fournirait aucun de ces services. En général, les économies des pays communistes ont tendance à être plus autoritaires, mais avec beaucoup de variations entre elles. Dans les pays scandinaves, comme la Suède, le Danemark, la Norvège et la Finlande, les gens, traditionnellement, dépendent de l'Etat pour un grand nombre de services sociaux, et la population paie des impôts très élevés. Singapour, le Japon et les Etats-Unis se rapprochent un peu plus du modèle de marché libre.

ETUDE DE MOTS _____

Exercice 1   Study the following cognates that appear in this chapter.

la création	le gouvernement	la théorie
le système	l'activité	la propriété
le capitalisme	la décision	l'intervention
le socialisme	l'organisation	les ressources
le communisme	l'intérêt	la planification
le fascisme	l'individu	le comité
l'idéologie	le maximum	la quantité
l'économie	le mécanisme	la distribution

l'objectif	mixte	fonctionner
le secteur	réglementé	engendrer
le modèle	autoritaire	protéger
la stabilité	industrialisé	faciliter
	centralisé	déterminer
économique		spécifier
contrôlé	tolérer	financier
pur	coordonner	transformer

Exercice 2   Match the verb in Column A with its noun form in Column B.

A	B
1. créer	a. le gouvernement
2. contrôler	b. l'organisation
3. gouverner	c. la stabilité
4. décider	d. la planification
5. organiser	e. la création
6. fonctionner	f. le fonctionnement
7. stabiliser	g. le contrôle
8. intervenir	h. la distribution
9. planifier	i. la décision
10. distribuer	j. l'intervention

Exercice 3   Indicate whether the word more appropriately describes **un système économique autoritaire** or **un système économique laisser-faire.**
1. autoritaire
2. l'économie du marché libre
3. la propriété privée
4. centraliser
5. l'intervention du gouvernement
6. le secteur privé
7. contrôlé
8. collectif

Exercice 4   Select the appropriate word to complete each statement.
1. Le communisme est _____.
   a. une idéologie   b. un mécanisme   c. une industrie
2. Dans un système économique autoritaire le gouvernement _____ beaucoup.
   a. bénéficie   b. distribue   c. intervient
3. Le communisme pur est l'exemple d'une économie _____.
   a. contrôlée   b. mixte   c. industrialisée
4. Le _____ du gouvernement dans une économie communiste est très important.
   a. mécanisme   b. comité   c. rôle

Exercice 5   Match the word in Column A with its definition in Column B.

A	B
1. industrialisé	a. pas mixte
2. pur	b. une personne
3. tolérer	c. rendre plus facile
4. un individu	d. qui a beaucoup d'industrie
5. une idéologie	e. l'ensemble d'opinions et d'idées
6. la quantité	f. la plus grande valeur, le plus haut
7. le maximum	degré
8. le secteur	g. accepter, permettre, supporter
9. faciliter	h. mettre en harmonie divers éléments
10. coordonner	i. le nombre
	j. la partie, la subdivision

Exercice 6   Match the English word in Column A with its French equivalent in Column B.

A	B
1. private enterprise	a. le marché libre
2. free market	b. le marché
3. private property	c. les moyens de production
4. seller	d. l'entreprise privée
5. buyer	e. gérer
6. market	f. résoudre
7. competition	g. la propriété privée
8. efficiency	h. la concurrence
9. means of production	i. le vendeur
10. economic growth	j. l'efficacité
11. labor stability	k. se rapprocher de _____
12. to manage	l. régir
13. to approach, approximate	m. l'acheteur
14. to resolve	n. la croissance économique
15. to govern, rule	o. la stabilité du travail
16. revenue, income	p. fournir
17. to provide	q. les revenus

Exercice 7   Match the word in Column A with its definition in Column B.

A	B
1. l'acheteur	a. l'argent qu'on reçoit ou gagne
2. la concurrence	b. celui qui achète
3. se rapprocher	c. celui qui vend
4. régir	d. la rivalité entre deux ou plusieurs
5. les revenus	entreprises
6. gérer	e. diriger

<table>
<tr><td>7. la propriété privée</td><td>f. la façon de produire quelque chose</td></tr>
<tr><td>8. le vendeur</td><td>g. venir plus près</td></tr>
<tr><td>9. les moyens de production</td><td>h. trouver une solution</td></tr>
<tr><td>10. résoudre</td><td>i. gouverner, administrer</td></tr>
<tr><td></td><td>j. le contraire de «la propriété collective»</td></tr>
</table>

Exercice 8   Match the English word in Column A with its French equivalent in Column B.

A	B
1. social services	a. les services sociaux
2. taxes	b. le peuple
3. to collect, levy, charge	c. la main-d'œuvre
4. the people	d. les impôts
5. the state	e. les biens et les services
6. against, counter	f. l'Etat
7. manpower, labor	g. appartenir
8. to belong	h. à l'encontre
9. goods and services	i. primordial
10. very important	j. prélever

Exercice 9   Complete each statement with the appropriate word(s).
1. L'éducation, la police, etc., sont des _____.
2. _____, c'est le gouvernement.
3. Elle veut être membre du comité. Elle veut _____ au comité.
4. L'intervention du gouvernement dans l'économie va _____ du système capitaliste du marché libre (de la liberté du marché).
5. L'objectif (Le but) de chaque entreprise est celui de produire des _____ ou des _____.
6. Le gouvernement (L'Etat) prélève des _____.

Exercice 10   Select the appropriate word(s) to complete each statement.
1. Aux Etats-Unis l'individu doit payer des _____ au gouvernement.
   a. intérêts   b. revenus   c. impôts
2. Le gouvernement _____ les impôts.
   a. résout   b. paie   c. prélève
3. Le capitalisme est basé sur le système économique _____.
   a. autoritaire   b. de protectionnisme   c. de la liberté du marché
4. _____ existe quand il y a plusieurs vendeurs du même produit.
   a. L'efficacité   b. La concurrence   c. Le marché
5. Le gouvernement _____ des services sociaux.
   a. se rapproche   b. prélève   c. fournit

COMPREHENSION _____

Exercice 1   True or false?
1. De nos jours il existe beaucoup d'économies pures.
2. Le capitalisme est fondé sur l'entreprise privée et la liberté du marché.
3. Il y a beaucoup d'interventions de la part de l'Etat dans un système économique capitaliste.
4. Le socialisme se rapproche plus du capitalisme que du communisme.
5. Dans une économie autoritaire ou contrôlée telle que le communisme, le rôle du gouvernement est primordial.
6. Les impôts que le gouvernement prélève même dans un système mixte sont destinés à financer et fournir des services sociaux.
7. Actuellement l'économie dans la CEI est en train de se transformer radicalement.
8. Dans une véritable économie de marché libre, l'Etat fournirait tous les services sociaux.

Exercice 2   Answer.
1. Pourquoi presque toutes les économies sont-elles mixtes?
2. Donnez un exemple d'une économie qui se rapproche de l'extrême d'une économie laisser-faire.
3. Donnez un exemple d'une économie qui se rapproche de l'extrême d'une économie autoritaire ou contrôlée.
4. Comment l'activité économique est-elle régie dans un système capitaliste?
5. Qu'est-ce que la concurrence?
6. Quel est le rôle du gouvernement dans le système capitaliste?
7. Dans un système autoritaire, qui décide ce qu'on va produire et combien?
8. Qu'est-ce que le gouvernement décide dans un systèmc contrôlé?
9. Quelle est la différence entre une économie autoritaire et une économie mixte?

Chapitre 3
LE MARCHE

Les différentes sortes de marchés

L'activité économique, la vente et l'achat, constituent le marché. Le mot nous fait penser au marché traditionnel où l'agriculteur et l'artisan apportent leurs produits pour les vendre directement aux consommateurs. La fonction du marché ne s'en trouve pas changée. C'est n'importe quel lieu où des gens achètent ou vendent des ressources ou des produits. Mais cela se trouve aujourd'hui aussi bien à Wall Street que dans un village breton. Aux Etats-Unis, presque 250 millions de consommateurs et 17 millions d'entités commerciales contribuent au marché, en plus des milliers d'agences gouvernementales.

Pour voir comment fonctionne le mécanisme du marché, il est utile de répondre aux trois questions suivantes: Qu'est-ce qui détermine le prix d'un bien ou d'un service? Quelle quantité d'un produit déterminé doit-on produire? Qu'est-ce qui cause les changements fréquents de prix et de quantités d'un produit?

La participation au marché est le résultat de deux restrictions. La première restriction, c'est la difficulté que nous avons en tant qu'individus à produire tout ce que nous désirons et tout ce dont nous avons besoin. La deuxième, c'est la restriction en temps, en énergie et en ressources qui nous limitent lorsqu'il s'agit de produire même les choses que nous sommes parfaitement capables de produire.

C'est pourquoi nous nous spécialisons, et nous trouvons une place sur le marché. Il y a en fait deux sortes de marchés: un marché où ont lieu l'achat et la vente des éléments de production, comme la terre, la main-d'œuvre, le capital, etc., et un marché de producteurs où ont lieu l'achat et la vente de produits finis, biens ou services. Quand l'ouvrier cherche un emploi, il offre en réalité un facteur de production: sa main-d'œuvre. S'il obtient l'emploi, parce que le prix du facteur (c'est-à-dire le salaire) est acceptable et qu'on a besoin de main-d'œuvre, cette interaction entre dans le cadre de ce qu'on appelle le marché des facteurs. La journée de travail achevée, ce même ouvrier va dans un bar pour boire une bière. Par cette interaction, l'acheteur, c'est-à-dire l'ouvrier, participe au marché de produits lorsqu'il paie sa bière—qui est un produit fini.

La demande

On parle de demande quand on est disposé à acheter un produit à un prix déterminé. Mais pour qu'il y ait demande, il faut que le produit se vende. Le désir ou la nécessité d'obtenir un produit ne constitue pas pour autant la demande: c'est l'achat du produit qui fait qu'on parle de demande. Il existe une «loi de la

demande» qui dit que quand le prix d'un bien augmente, la quantité de la demande
diminue. Autrement dit, les gens achètent un bien en plus grande quantité lorsque
le prix en est plus bas. La fonction de demande est la relation entre la quantité
demandée d'un certain bien et son prix. Prenons l'exemple d'un fabricant de tables.

Prix	Quantité vendue
70 $	10
60 $	20
50 $	30
40 $	40
30 $	50

On peut représenter par une «courbe de demande» cette relation entre le prix et la
demande.

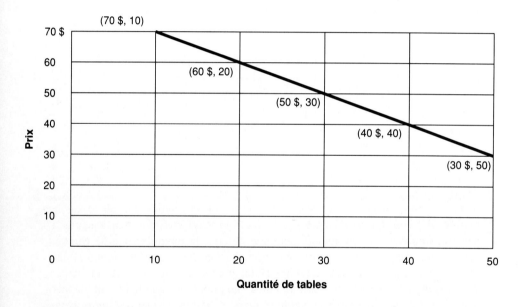

La courbe se base sur la vente de l'article en question. La courbe de demande
indique la quantité demandée d'un produit à chaque prix (en supposant que les
autres facteurs qui affectent la demande soient constants). Normalement, la courbe
de demande présente une pente négative. Les prix sont portés sur l'axe vertical et
les quantités de produits demandés sont sur l'axe horizontal. La partie négative de
la courbe montre que lorsqu'une des valeurs augmente, l'autre diminue.

   La demande n'est pas constante. Plusieurs facteurs affectent la demande, en la
faisant monter ou descendre. Ces facteurs déterminants sont les suivants.

Les goûts Il est très difficile de savoir comment et quand le public va changer de goûts. Autrefois, le lait se vendait en bouteilles. Le carton s'est révélé plus pratique. La demande pour le lait en bouteilles a baissé. Autre exemple: l'invention de la caméra vidéo affectait de façon négative la demande pour les caméras de cinéma.

Les revenus/les rentrées d'argent Quand les gens gagnent beaucoup d'argent, ils achètent beaucoup. Quand ils gagnent moins, ils achètent moins. La demande est directement liée aux revenus.

Les prix de produits semblables Il existe beaucoup de produits qui peuvent se substituer à d'autres. Si le prix d'une certaine boisson gazeuse monte, beaucoup de gens achèteront une boisson d'une autre marque. De même, quand le poisson est très cher, la demande pour la viande augmente. Les produits qui servent de substitut aux autres s'appellent des «substitutifs».

Les biens complémentaires, ou simplement «les complémentaires» Ce sont ceux dont le prix augmente lorsque la quantité de l'autre diminue. L'automobile et l'essence sont des exemples classiques de biens complémentaires: quand le prix de l'essence augmente considérablement, la demande pour les automobiles diminue.

Le nombre de clients potentiels La demande augmente ou diminue en fonction de la population d'une région. Cela se voit d'une façon évidente lorsqu'il s'agit du logement. Dans les endroits où la population baisse, la demande pour les maisons et les appartements est très réduite. A Houston, au Texas, pendant l'essor de l'industrie du pétrole, la demande pour le logement était très grande. Dans les années 80, avec la crise du pétrole, les emplois ont pratiquement disparu et de ce fait, la demande pour le logement.

Quand la demande pour un bien augmente, la courbe de demande se déplace vers la droite sur le schéma. Quand la demande diminue, la courbe de demande se déplace vers la gauche.

L'offre

L'offre est la quantité d'un bien qu'un producteur veut et peut produire, et qu'il peut mettre en vente à des prix donnés dans les limites d'une gamme de prix déterminés, et pendant une certaine période de temps. Il y a une relation positive entre le prix et la quantité qui est fournie. Si le prix augmente, les quantités correspondantes augmentent aussi. Si le prix baisse, les quantités baissent. Cette relation porte le nom de «loi de l'offre». Le producteur veut vendre la plus grande quantité possible de son produit à un prix élevé plutôt qu'à un prix bas. La fonction de l'offre est la relation entre la quantité offerte d'un bien et son prix. Nous voyons ici la fonction de l'offre pour l'exemple du fabricant de tables.

Prix	Quantité fournie
70 $	50
60 $	40
50 $	30
40 $	20
30 $	10

Il existe aussi une courbe de l'offre. Sur le schéma ci-dessous, les prix sont portés sur l'axe vertical, et les quantités sur l'axe horizontal.

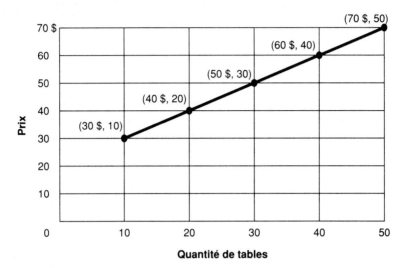

Le fabricant de tables va fournir plus de produits s'il reçoit plus d'argent. Le prix du produit détermine la quantité à produire. C'est la loi de l'offre. Le producteur veut produire la plus grande quantité possible de son produit à un prix élevé plutôt qu'à un prix inférieur.

La courbe de l'offre a normalement une pente positive, c'est-à-dire qu'elle commence en bas à gauche, et qu'elle se termine en haut à droite. Une pente positive indique que lorsqu'une des valeurs monte, l'autre monte aussi.

Dans le cas des tables on voit que les courbes de demande et d'offre se rencontrent si on les combine. Leur point d'intersection correspond à un prix de 50 $, et la quantité est de 30 tables. C'est le point d'équilibre. Si le prix monte, on vend moins de tables, et le résultat est un excédent de produits. L'excédent provoque une réduction du prix. Un prix au-dessous de 50 $ a comme résultat une pénurie qui provoque alors une hausse des prix.

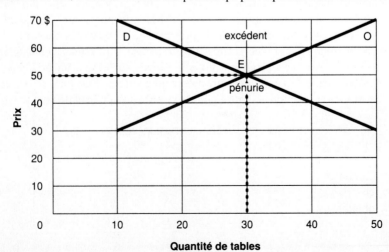

ETUDE DE MOTS

Exercice 1   Study the following cognates that appear in this chapter.

la sorte	l'interaction	disposé
l'activité	la demande	constant
l'agriculteur	le désir	potentiel
l'artisan	la nécessité	positif
le consommateur	l'article	négatif
la fonction	l'invention	inférieur
les ressources	la caméra vidéo	
le produit	la caméra de cinéma	fonctionner
l'entité	le substitut	causer
l'agence	le client	limiter
le vendeur	la population	spécialiser
le mécanisme	la région	offrir
la quantité	la crise	obtenir
le changement	la gamme	constituer
la participation	la relation	augmenter
la restriction		diminuer
la difficulté	commercial	affecter
l'énergie	gouvernemental	substituer
le capital	fréquent	déterminer
le salaire	acceptable	combiner

Exercice 2   Match the word in Column A with its definition in Column B.

A	B
1. la restriction	a. le type, le genre
2. le capital	b. le nombre
3. la région	c. la condition, la limitation
4. augmenter	d. l'argent
5. la sorte	e. le problème, l'inconvénient
6. un article	f. le besoin
7. gouvernemental	g. un objet
8. offrir	h. le nombre d'habitants
9. la population	i. une division géographique
10. limiter	j. du gouvernement
11. la quantité	k. continuel
12. substituer	l. qui arrive souvent
13. la difficulté	m. restreindre
14. fréquent	n. donner
15. diminuer	o. recevoir
16. la nécessité	p. réduire, baisser
17. combiner	q. remplacer
18. constant	r. monter
19. obtenir	s. mettre ensemble

Exercice 3   Give the word or expression being defined.
1. celui qui travaille dans une ferme
2. celui qui a un atelier et fait de la céramique, par exemple
3. l'argent qu'on reçoit pour son travail
4. la quantité (le nombre) d'un produit (bien) qu'on veut ou dont on a besoin
5. remplacer une chose par une autre

Exercice 4   Match the English word or expression in Column A with its French equivalent in Column B.

A	B
1. market	a. l'offre
2. sale	b. la valeur
3. brand	c. l'emploi
4. value	d. la vente
5. offer, supply	e. les revenus, les rentes
6. supply and demand	f. l'achat
7. employment	g. monter
8. income, revenue	h. élevé
9. manufacturer	i. bas
10. to increase, go up	j. l'offre et la demande
11. to decrease, go down	k. la marque
12. purchase	l. baisser
13. high	m. le fabricant
14. low	n. le marché

Exercice 5   Select the appropriate word(s) to complete each statement.
1. Les salariés ont _____.
   a. un emploi   b. un marché   c. une offre
2. Le contraire de «l'offre» est «_____».
   a. le marché   b. la marque   c. la demande
3. Je ne vais pas l'acheter. Le prix est trop _____.
   a. bas   b. bon marché   c. élevé
4. L'argent qu'on gagne est _____.
   a. le marché   b. l'offre   c. le revenu
5. Ford est _____ d'automobiles assez économique.
   a. une marque   b. un marché   c. une vente
6. Ce que l'article vaut est _____.
   a. sa demande   b. sa valeur   c. son prix
7. Il l'achètera si le prix est un peu plus _____.
   a. élevé   b. bas   c. négatif
8. _____ est responsable du produit fini.
   a. Le marché   b. L'emploi   c. Le fabricant

Exercice 6   Match the word or expression in Column A with an equivalent in Column B.

A	B
1. le salaire	a. l'offre
2. le travail	b. baisser
3. ce qu'on offre au public	c. les revenus
4. ce que le public est disposé à acheter	d. monter
	e. la demande
5. diminuer	f. l'emploi
6. augmenter	

Exercice 7   Match the English word or expression in Column A with its French equivalent in Column B.

A	B
1. surplus	a. la pénurie
2. breakeven point	b. fournir
3. curve	c. l'excédent
4. slope	d. la loi de la demande
5. surge	e. semblable
6. setting, framework	f. le point d'équilibre
7. to supply, furnish	g. la pente
8. to put up for sale	h. la loi de l'offre
9. finished product	i. la courbe
10. law of demand	j. le goût
11. law of supply	k. mettre en vente
12. taste	l. l'essor
13. shortage	m. le produit fini
14. similar	n. le cadre

Exercice 8   Select the appropriate word(s) to complete each statement.
1. Sur le schéma il y a (une courbe / un cadre).
2. Il ne veut plus cette voiture. Il va la (fournir / mettre en vente).
3. Il ne reste qu'une quantité limitée. Il existe (une pénurie / un excédent).
4. Il reste beaucoup de stock. Il y a (une pénurie / un excédent).
5. Il y a très peu de différence entre les deux. Ils sont (semblables / différents).
6. (Une pente / Un cadre) sur le schéma indique une diminution (baisse).
7. Les (goûts / demandes) des gens déterminent ce qu'ils achètent.
8. Les fabricants (fournissent / demandent) des marchandises.

Exercice 9   Match the word in Column A with its opposite in Column B.

A	B
1. baisser	a. diminuer
2. monter	b. différent

3. l'excédent   c. monter
4. l'essor   d. la vente
5. semblable   e. la pénurie
6. résulter   f. l'acheteur
7. bas   g. élevé
8. l'offre   h. la crise
9. l'achat   i. causer
10. le vendeur   j. la demande

COMPREHENSION

Exercice 1   True or false?
1. La vente et l'achat de biens et de services sont des activités (transactions) économiques.
2. La fonction du marché change toujours.
3. Les seules entités à contribuer au marché sont les consommateurs individuels.
4. Le désir d'obtenir un bien (produit) constitue la demande.
5. C'est la vente du produit qui constitue la demande.
6. Si le prix d'un bien monte, la demande de ce produit monte également.
7. La demande d'un produit reste constante. Elle ne change jamais.
8. Les goûts des gens affectent la demande d'un produit.
9. Les complémentaires sont des produits bien semblables dont l'un peut se substituer à l'autre.
10. L'offre est la quantité d'un bien qu'un producteur veut et peut produire et qu'il peut mettre en vente à un prix déterminé pendant une certaine période de temps.

Exercice 2   Tell whether the statement describes **un marché de facteurs, un marché de produits,** or **une combinaison des deux marchés.**
1. Madame Binand entre dans un magasin et achète une robe.
2. La famille Boivin va dîner au restaurant.
3. Les Ghez vont dans une agence immobilière et achètent une parcelle de terrain.
4. L'ouvrier va tous les matins à l'usine où il travaille.

Exercice 3   Answer.
1. Qu'est-ce qui détermine le prix d'un bien ou d'un service?
2. Qu'est-ce qui détermine la quantité du produit qu'on produira?
3. Pourquoi beaucoup d'individus participent-ils au marché?
4. Qu'est-ce que la demande?
5. Qu'est-ce que l'offre?
6. Si le prix d'un bien monte (augmente), que fait la demande?
7. Quel nom porte cette relation?
8. Quels facteurs importants affectent la demande d'un bien?

Exercice 4   In your own words, explain each of the following terms.
1. le marché
2. le prix
3. la demande
4. l'offre
5. la loi de la demande
6. la courbe de la demande
7. les substitutifs
8. les complémentaires
9. la loi de l'offre

Chapitre 4
L'ECONOMIE ET L'ETAT

Biens privés et biens publics

Comme il n'existe aucune économie qui soit purement de libre marché, l'Etat joue un rôle important, et même quelquefois dominant, dans toutes les économies, sauf dans le cas de quelques sociétés primitives. Dans une économie mixte comme celle des Etats-Unis, l'Etat procure une série de biens et de services au public. C'est pourquoi on appelle ceux-ci des «biens publics». L'automobile qu'on achète et qu'on paie directement est évidemment un bien privé, ainsi que l'essence dont le véhicule a besoin. Un individu prend la décision d'acheter ou de ne pas acheter une voiture. Il décide aussi du genre de voiture qu'il va acheter et de la qualité d'essence qu'il va mettre dans son réservoir[1]. Néanmoins, il y a peu de gens qui peuvent se permettre de payer la construction et l'entretien d'une autoroute! C'est donc le gouvernement qui doit faire construire l'autoroute et assurer son entretien. L'autoroute est un bien public. D'autres biens publics sont les parcs nationaux, les bibliothèques, les corps de sapeurs-pompiers[2] et de la police, ainsi que l'enseignement gratuit et public. Les biens privés sont soumis au principe de l'exclusion. Les propriétaires de biens privés peuvent en refuser l'utilisation aux autres personnes.

Lois et réglementations

En plus de procurer des biens publics, l'Etat se sert de son autorité pour compenser les contingences négatives provenant de l'extérieur. Celles-ci apparaissent lorsque la production ou la consommation d'un bien affecte directement un tiers, c'est-à-dire des personnes ou des entreprises qui n'ont pris part ni à la production ni à l'achat ni à la vente du bien. Une contingence négative porte toujours préjudice à un tiers. En 1989, quand le pétrolier *Exxon Valdez* a déversé des millions de litres de pétrole sur les côtes de l'Alaska, l'environnement et toute l'économie locale, en particulier la pêche, ont été gravement atteints. Le gouvernement est intervenu pour corriger cette contingence négative.

L'Etat intervient dans l'économie en promulguant toute une série de lois et de règlements qui touchent les impôts sur le revenu, les tarifs, le salaire minimum, les conditions de travail, la protection de l'environnement, les monopoles, les banques, la bourse de valeurs, la sécurité sociale, l'enseignement public, les transports, etc.

---

[1] *gas tank*   [2] *fire departments*

Redistribution des revenus

L'Etat a également un rôle dans la redistribution des revenus. Même les pays capitalistes reconnaissent l'importance d'accorder une aide sociale aux personnes en nécessité. Par exemple aux Etats-Unis, il y a la Sécurité Sociale, des programmes d'aide aux indigents, aux chômeurs et autres. On appelle ces paiements effectués par le gouvernement des «transferts», car ils ne mettent en jeu aucun échange de services. Il y a deux sortes de transferts: des transferts en espèces et des transferts en nature. Dans le premier cas, le gouvernement donne de l'argent, par exemple pour les paiements de la Sécurité Sociale. Dans le deuxième cas, le gouvernement fournit des biens et des produits tels que les bons d'alimentation, l'assistance médicale gratuite, et les logements subventionnés. Il est intéressant de noter qu'entre 1960 et 1985, les transferts du gouvernement fédéral des Etats-Unis sont passés d'environ 24 millions de dollars à 425 millions. Si l'Etat fournit ainsi des biens et des services, il en consomme aussi un grand nombre. Le gouvernement achète des avions, des ordinateurs, des automobiles et des camions, de l'électricité et du pétrole, des tonnes de papier, des milliers d'autres produits et de la main-d'œuvre. A lui seul, le gouvernement fédéral emploie plus de 5 millions de personnes. Au début du siècle, le gouvernement en employait seulement 14 000.

Aux Etats-Unis, le gouvernement d'un état peut avoir le monopole des boissons alcoolisées et de la loterie. Dans beaucoup de pays, comme en France, le téléphone, le télégraphe, la radio, la télévision et le tabac sont des monopoles du gouvernement.

Les impôts

Mais la principale source de revenu pour le gouvernement, c'est les impôts. Ceux-ci doivent être équitables et compréhensibles pour les contribuables. Ils doivent aussi être faciles à percevoir par le gouvernement. En outre, ils ne doivent pas affecter de façon négative le fonctionnement de l'économie. Il y a plusieurs principes de base.

Le principe du bénéfice Ce principe est fondé sur l'idée que ceux qui bénéficient d'un service fourni par l'Etat doivent payer un impôt. L'impôt sur les transports aériens, par exemple, sert à financer les services de contrôle aérien et l'amélioration des aéroports.

Le principe de la capacité de payer Ce principe est fondé sur l'idée que ceux qui ont plus d'argent doivent payer proportionnellement plus d'impôts. Presque tous les impôts sur le revenu sont fondés sur ce principe.

Le principe de la productivité Parfois le gouvernement se sert des impôts pour influencer l'économie. Afin d'inciter les industriels à moderniser leurs usines, le gouvernement peut leur permettre de déduire de leurs impôts fédéraux une partie des coûts de modernisation.

Le principe du «moindre mal possible» Basés sur ce principe sont les impôts qui ne sont pas évidents et que le public ne remarque probablement pas, aussi bien que les impôts sur les articles de luxe qui touchent peu de gens ou sur des produits comme les boissons alcoolisées et le tabac.

La plupart des impôts sont soit progressifs soit dégressifs. Un impôt progressif oblige ceux qui ont un plus gros revenu à payer une plus grosse proportion de ce revenu. Un impôt dégressif fait que ceux qui ont un revenu plus faible paient une plus grosse proportion de leur revenu. Par exemple, les impôts sur le revenu sont en général progressifs: plus on gagne d'argent, plus on paie d'impôts. Les impôts sur les ventes sont dégressifs: le pourcentage prélevé est le même pour tous les acheteurs, quel que soit leur revenu. Ceux qui gagnent moins paient donc une plus grosse proportion de leur salaire que les autres, qui gagnent plus. Un impôt dit proportionnel prélève le même pourcentage chez tous les contribuables quel que soit leur revenu.

Aux Etats-Unis, on paie des impôts au gouvernement fédéral, au gouvernement des différents états et aux administrations locales. Le gouvernement fédéral prélève des impôts sur les revenus personnels et ceux des sociétés, sur les articles de luxe, les héritages, etc. Il reçoit aussi les contributions des travailleurs pour la Sécurité Sociale, ainsi que les droits de douane. Les gouvernements des divers états prélèvent des impôts sur les ventes et sur les revenus personnels. Les administrations locales dépendent principalement de l'impôt foncier pour leur financement.

Le budget

Les gouvernements doivent préparer un budget tous les ans. Le budget du gouvernement fédéral des Etats-Unis consacre pratiquement la moitié de son budget aux services sociaux, plus du quart à la défense nationale, et le reste se divise entre, d'un côté, l'aide aux gouvernements des états et des localités, et de l'autre côté, les intérêts à payer sur les prêts. Dans les budgets des états et des localités, l'enseignement est le plus important—pratiquement 40% dans les deux cas.

Quand les impôts recueillis par le gouvernement ne sont pas suffisants pour couvrir les frais, le gouvernement emprunte. Il lance un emprunt aux personnes et aux entités suivantes:

- Au public, en émettant des bons d'épargne
- Aux banques et au Système fédéral de réserve, en émettant des obligations ou des titres de valeur
- Aux entreprises commerciales, par l'intermédiaire d'obligations ou de titres semblables à ceux qu'il a émis pour les banques
- Aux caisses, comme celle de la Sécurité Sociale, qui achètent des titres quand elles ont un excédent

La dette publique et le produit national brut (PNB)

Le problème qui se pose pour les Etats-Unis est celui d'une dette publique de 3 billions[3] de dollars. Si l'on considère que le produit national brut (PNB) des Etats-Unis en 1986 dépassait les 4 billions de dollars, la dette publique représentait plus de la moitié du PNB. Le produit national brut est la valeur de marché de tous les

---

[3]*trillions* (*A billion* en anglais est «un milliard» en français.)

biens et services produits pendant une période déterminée, normalement un an. Il y a trois méthodes pour calculer le PNB: la méthode de frais, la méthode de revenu et la méthode de production. Avec la méthode de frais, on calcule le PNB en additionnant tous les frais encourus en un an lors de la production de biens et de services nouveaux. Puisqu'il y a toujours quelqu'un qui paie quand on produit quelque chose de nouveau, il est possible de mesurer la production en mesurant les frais engendrés. Avec la méthode de revenu, on calcule le PNB en additionnant tous les revenus qu'on a obtenus à la production. Si les revenus dépendent de la valeur de la production, on peut calculer la valeur de la production en calculant les revenus. Avec la méthode de production, on fait le total des prix de détail de tous les biens et services produits en un an.

Si la dette publique de 3 billions de dollars est plus de la moitié du PNB, est-ce que le problème est grave? En 1945, à la fin de la deuxième guerre mondiale, la dette publique des Etats-Unis était seulement de 230 milliards de dollars et représentait 125% du PNB. En 1986, la dette publique était deux fois plus grande qu'en 1945, parce qu'elle représentait seulement 50% du PNB. Pour certains économistes, les variations de la dette sont plus importantes que son montant. Entre 1945 et 1980, le PNB a augmenté plus rapidement que la dette. Mais de 1980 à 1992, c'est la dette qui a augmenté plus vite que le PNB. Pendant quelques années, l'Etat a opéré avec un déficit budgétaire. Les revenus sont inférieurs aux frais. A cause de ce déficit, le gouvernement doit augmenter les impôts ou emprunter.

ETUDE DE MOTS

Exercice 1   Study the following cognates that appear in this chapter.

la description	l'importance	la productivité
le rôle	le programme	l'industriel
la qualité	l'indigent	l'article de luxe
la construction	le paiement	la proportion
la police	l'électricité	le pourcentage
le propriétaire	la variation	l'administration locale
l'utilisation	le pétrole	la contribution
l'autorité	la tonne	le budget
l'environnement	la loterie	le reste
la série	le téléphone	la dette
le tarif	le télégraphe	le problème
le salaire minimum	la radio	le déficit
la condition	la télévision	
le monopole	le tabac	purement
la banque	le gouvernement	dominant
la Sécurité Sociale	la source	mixte
le transport	l'idée	national
la redistribution	l'aéroport	gratuit

public	exister	influencer
local	payer	moderniser
capitaliste	construire	déduire
fédéral	assurer	obliger
principal	refuser	calculer
équitable	procurer	additionner
compréhensible	compenser	mesurer
proportionnellement	intervenir	opérer
budgétaire	promulguer	augmenter
inférieur	financer	

Exercice 2   Match the verb in Column A with its noun form in Column B.

A	B
1. construire	a. la construction
2. utiliser	b. l'administration
3. transporter	c. la contribution
4. redistribuer	d. l'utilisation
5. payer	e. l'addition
6. varier	f. le paiement
7. gouverner	g. le financement
8. administrer	h. la mesure
9. contribuer	i. la redistribution
10. intervenir	j. le gouvernement
11. financer	k. l'opération
12. additionner	l. l'intervention
13. mesurer	m. le transport
14. opérer	n. la variation

Exercice 3   Give the word or expression being defined.

1. une personne très pauvre qui n'a rien
2. lieu où arrivent les avions
3. une énorme quantité, 1 000 kilogrammes
4. dire que non
5. obtenir
6. être
7. chef d'une entreprise (société) qui transforme des matières premières en produits finis
8. l'impôt payé
9. la somme qu'on doit
10. le contraire de «l'excédent»
11. ce qui reste
12. juste
13. combiné
14. qui ne coûte rien

Exercice 4   Match the English word or expression in Column A with its French equivalent in Column B.

A	B
1. taxes	a. les impôts locaux
2. to collect	b. les impôts sur les ventes
3. taxpayer	c. un gros revenu
4. personal income tax	d. les impôts
5. to deduct, take from	e. les droits de douane
6. federal taxes	f. recueillir
7. state taxes	g. un revenu faible
8. local taxes	h. le contribuable
9. high income	i. l'impôt foncier
10. low income	j. les impôts fédéraux
11. customs' duty	k. l'héritage
12. property (real estate) tax	l. prélever
13. inheritance	m. les impôts de l'état
14. sales tax	n. les impôts sur les revenus personnels

Exercice 5   Tell the type of tax being described.
1. ce qu'on paie quand on achète quelque chose
2. ce qu'on contribue du salaire
3. les impôts qu'on paie au gouvernement à Washington
4. ce qu'on paie sur un produit importé d'un autre pays
5. les impôts qu'on paie à la municipalité
6. les impôts qu'on paie sur la propriété

Exercice 6   Select the appropriate word(s) to complete each statement.
1. Le _____ paie les impôts.
   a. contribuable   b. gouvernement   c. revenu
2. On _____ la contribution du salaire.
   a. provient   b. contribue   c. prélève
3. C'est le gouvernement qui _____ les contributions.
   a. prélèvent   b. contribuent   c. recueillent
4. Il gagne beaucoup d'argent. Il a _____.
   a. un revenu faible   b. une grosse dette   c. un gros revenu
5. Une personne qui a un _____ paie (contribue) moins d'impôts.
   a. revenu faible   b. gros revenu   c. héritage

Exercice 7   Match the English word or expression in Column A with its French equivalent in Column B.

A	B
1. budget	a. la Sécurité Sociale
2. budgetary	b. le transfert en nature
3. maintenance	c. le budget
4. education	d. une personne dans le besoin

5. environmental protection   e. le chômeur
6. public education   f. la protection de l'environnement
7. social assistance   g. le logement subventionné
8. social services   h. le transfert en espèces
9. Social Security   i. l'entretien
10. a needy person   j. l'enseignement public
11. unemployed person   k. le contrôle aérien
12. food stamps   l. l'aide sociale
13. subsidized housing   m. la défense nationale
14. air traffic control   n. les bons d'alimentation
15. cash transfer   o. budgétaire
16. transfer in kind   p. les services sociaux
17. national defense   q. l'enseignement

Exercice 8   Complete each statement with the appropriate word(s).
1. Beaucoup d'écoliers aux Etats-Unis bénéficient de _____. Une proportion faible des élèves vont dans des écoles privées.
2. Une personne qui cherche du travail sans pouvoir en trouver est _____.
3. Le gouvernement fournit aux indigents des _____ pour qu'ils puissent acheter de la nourriture et manger.
4. Le gouvernement fournit _____ à des personnes dans le besoin. C'est-à-dire que le gouvernement leur fait payer un loyer modéré ou bas pour leur logement.
5. _____ assure la sécurité du pays contre des attaques militaires.
6. Le gouvernement fournit beaucoup de _____ aux indigents ou personnes dans le besoin.
7. La _____ paie des bénéfices aux gens du troisième âge (retraités).
8. Le gouvernement prépare un _____ tous les ans.
9. C'est le gouvernement qui paie pour _____ des autoroutes.
10. C'est le gouvernement fédéral qui paie pour _____ aérien.
11. Il y a tellement de pollution que _____ intéresse beaucoup de gens.
12. Un déficit indique qu'il existe un problème _____.

Exercice 9   Match the English word or expression in Column A with its French equivalent in Column B.

A	**B**
1. public goods	a. un ordinateur
2. private goods	b. les bons d'épargne
3. principle of exclusion	c. les obligations, les titres (de valeur)
4. law	d. le prix de détail
5. regulation	e. la loi
6. third party	f. le produit national brut
7. computer	g. le règlement
8. alcoholic beverage	h. la façon

9. way, manner	i. la dette publique
10. basic principle	j. la valeur du marché
11. improvement	k. les biens privés
12. expenses	l. le principe de base
13. savings bonds	m. le tiers
14. bonds	n. un excédent
15. public (national) debt	o. le principe de l'exclusion
16. gross national product	p. le montant
17. surplus	q. la boisson alcoolisée
18. market value	r. une amélioration
19. retail price	s. les frais
20. total	t. les biens publics

Exercice 10   Match the term in Column A with its explanation in Column B.

A	B
1. des biens publics	a. la somme, le total
2. un bien privé	b. la valeur de tous les biens et services produits dans un pays pendant une période déterminée, normalement un an
3. la dette publique	
4. le prix de détail	
5. le montant	
6. les frais	c. les autoroutes, la police, l'aéroport
7. une boisson alcoolisée	d. un titre (une obligation) émis(e) par le gouvernement qui paie des intérêts au titulaire
8. le produit national brut	
9. la façon	
10. un bon d'épargne	e. la maison, la résidence
11. la valeur du marché	f. la bière, le vin
12. un excédent	g. l'argent que doit le gouvernement
	h. le prix auquel on pourrait vendre quelque chose
	i. le surplus
	j. ce qu'on doit payer pour acheter quelque chose au magasin
	k. la manière
	l. les coûts, les dépenses, ce qu'on doit payer

Exercice 11   Select the appropriate word(s) to complete each statement.
1. Les individus et les entreprises (les compagnies, les sociétés anonymes) doivent payer des _____ au gouvernement fédéral des Etats-Unis.
   a. impôts   b. bons   c. obligations
2. Le gouvernement _____ les impôts.
   a. paie   b. contribue   c. recueille
3. Le gouvernement, une entreprise, ou même une famille, ne peut pas fonctionner du point de vue économique sans _____.
   a. dette   b. budget   c. bourse

4. Un déficit indique un problème _____.
   a. budgétaire   b. potentiel   c. progressif

5. L'argent qu'un individu ou une entreprise doit à un autre est _____.
   a. un transfert   b. un droit de douane   c. une dette

6. Les marchands paient des _____ sur les produits qu'ils importent.
   a. droits de douane   b. bons   c. frais

7. Si l'on paie la nourriture avec des bons d'alimentation, la transaction s'appelle «un transfert _____».
   a. en espèces   b. en nature   c. public

8. Le _____ paie les impôts.
   a. gouvernement   b. titulaire   c. contribuable

Exercice 12   Match the English word or expression in Column A with its French equivalent in Column B.

A	B
1. to come from	a. corriger
2. to collect	b. bénéficier
3. to correct	c. toucher
4. to provide	d. provenir
5. to go (from . . . to)	e. inciter
6. to benefit (from)	f. émettre
7. to encourage	g. fournir
8. to reach, touch	h. encourir
9. to borrow	i. recueillir
10. to issue	j. emprunter
11. to incur	k. passer
12. to go over, exceed	l. dépasser

Exercice 13   Select the appropriate word(s) to complete each statement.

1. La plupart des revenus de l'administration locale _____ des impôts fonciers.
   a. fournissent   b. recueillent   c. proviennent

2. Le gouvernement _____ des services sociaux aux personnes dans le besoin.
   a. passe   b. encourt   c. fournit

3. Les gens du troisième âge (les vieux) _____ de la Sécurité Sociale.
   a. encourent   b. bénéficient   c. proviennent

4. Les articles de grand luxe ne _____ pas un très grand public.
   a. proviennent   b. touchent   c. corrigent

5. Le gouvernement _____ des bons d'épargne.
   a. émet   b. emprunte   c. recueille

6. Le gouvernement _____ la modernisation des industries en permettant aux entreprises de déduire de leurs impôts un pourcentage des coûts (frais) engendrés.
   a. recueille   b. encourage   c. encourt

7. Il faut toujours _____ des risques.
   a. corriger   b. émettre   c. encourir
8. Le déficit _____ de 1 000 000 $ à 1 200 000 $.
   a. emprunte   b. émet   c. passe
9. A cause du déficit, le gouvernement doit _____ de l'argent.
   a. emprunter   b. émettre   c. fournir
10. Le budget _____ 1 000 000 $.
    a. passe   b. consacre   c. dépasse

COMPREHENSION

Exercice 1   Match the term in Column A with its description in Column B.

A	B
1. un bien privé	a. des revenus inférieurs à des frais (coûts, dépenses)
2. un bien public	
3. le principe de la capacité de payer	b. le droit de refuser l'utilisation d'un bien privé aux autres personnes
4. le principe de l'exclusion	
5. le principe du moindre mal possible	c. celui qui bénéficie d'un service fourni par l'Etat paie un impôt pour couvrir les frais du service
6. une contingence négative	
7. le principe du bénéfice	d. une voiture, une maison
8. le produit national brut	e. une action qui porte préjudice à un tiers
9. le déficit	f. l'autoroute, la bibliothèque, l'aéroport
	g. les impôts sur les articles de luxe
	h. celui qui a plus d'argent paie proportionnellement plus d'impôts
	i. la valeur du marché de tous les biens et services produits dans le pays pendant une période déterminée, normalement un an

Exercice 2   True or false?
1. Même dans une économie capitaliste, l'Etat procure une série de biens et de services au public.
2. Les pays capitalistes ne fournissent aucune aide sociale aux personnes en nécessité.
3. Les paiements effectués par le gouvernement s'appellent des «transferts».
4. Aux Etats-Unis le téléphone, la radio et la télévision sont des monopoles du gouvernement.
5. La principale source de revenus pour le gouvernement est les impôts.
6. Le gouvernement fédéral prélève des impôts sur les revenus personnels et sur ceux des sociétés (entreprises).
7. Aux Etats-Unis à peu près 40% du budget fédéral est consacré à l'enseignement.

8. Le gouvernement des Etats-Unis n'a jamais été obligé d'emprunter de l'argent.
9. La dette publique est toujours en hausse (augmente toujours).

Exercice 3   Answer.
1. Pourquoi l'automobile est-elle un bien privé et pas public?
2. Pourquoi l'autoroute est-elle un bien public et pas privé?
3. Quels sont d'autres biens publics?
4. Comment l'Etat intervient-il dans l'économie?
5. Quels services sociaux le gouvernement offre-t-il aux personnes en nécessité?
6. Quelle est la source de la plupart des impôts payés aux administrations locales?
7. Comment le gouvernement est-il aussi un gros consommateur de biens et de services?
8. Quelle est la différence entre un impôt progressif et un impôt dégressif?
9. A quoi le gouvernement fédéral consacre-t-il la plupart de son budget?
10. Qu'est-ce que le produit national brut?
11. Pourquoi le budget fédéral a-t-il toujours un déficit?
12. Comment le gouvernement emprunte-t-il de l'argent?

Chapitre 5
LES ENTREPRISES COMMERCIALES

Aux Etats-Unis, quand on pense à une entreprise commerciale, ce qui vient à l'esprit, c'est un géant comme IBM, Boeing ou General Motors. Tous les trois appartiennent à un genre d'entreprise commerciale, la corporation ou société anonyme.

Les différentes sortes d'entreprises

Il existe trois catégories d'entreprise commerciale: les entreprises de propriété individuelle, les sociétés collectives et les sociétés anonymes.

Les entreprises de propriété individuelle Les entreprises de propriété individuelle sont les plus nombreuses. Il y en a plus de 12 millions aux Etats-Unis. Récemment, il y avait 1,5 millions de sociétés collectives et près de 3 millions de sociétés anonymes.

Le nombre des entreprises ne correspondait pas à leurs ventes. La moyenne des ventes en dollars pour chaque entreprise de propriété individuelle était de 42 000 $. Pour chaque société collective, elle était de 2 104 000 $.

Une entreprise de propriété individuelle appartient à un individu, à une seule personne. Cette personne a droit à tout le profit de l'affaire. De la même façon, cette personne est responsable des pertes. Elle pourrait même avoir à céder éventuellement son domicile et ses biens personnels pour s'acquitter de ses dettes commerciales. On dit de cette personne qu'elle a une responsabilité illimitée.

Les sociétés collectives Les sociétés collectives sont formées de deux associés ou plus, qui se partagent les bénéfices. Chacun des associés est responsable des pertes. Les associés ont une responsabilité illimitée, comme en aurait le propriétaire d'une entreprise individuelle. Les sociétés collectives les plus communes sont les associations d'avocats et de comptables.

Les sociétés anonymes La caractéristique principale des sociétés anonymes est de pouvoir acquérir des fonds par la vente d'actions et l'émission de titres et d'obligations. Une action est une unité de propriété de l'entreprise. Les actionnaires se partagent les bénéfices de l'entreprise. Les obligations et les titres sont des prêts faits à l'entreprise. L'entreprise est obligée de payer des intérêts pendant une période déterminée, après quoi elle doit honorer les obligations et les titres. D'après la loi, la société anonyme est une entité juridique. En cas de perte ou de faillite, les propriétaires ne peuvent perdre que ce qu'ils ont investi individuellement dans l'entreprise. Ils ont une responsabilité limitée. Par leur vote, ce sont les actionnaires ayant la majorité des actions qui contrôlent la société anonyme.

Du fait que les actionnaires courent un risque, ils espèrent réaliser un profit. Il y a deux sortes de profits: les dividendes et les plus-values en capital. Les dividendes représentent un pourcentage du profit de l'entreprise. Ce pourcentage doit être sanctionné par le vote des actionnaires. Les plus-values en capital sont le bénéfice que fait un actionnaire lorsqu'il vend ses actions à un prix plus élevé qu'il ne les a achetées. En général, les dividendes sont payés aux actionnaires quatre fois par an. La valeur d'une action augmente ou diminue en fonction de l'état général de l'entreprise et en fonction de la perception que se fait le public de l'avenir de l'entreprise.

La comptabilité de l'entreprise

Le but principal des entreprises a toujours été de réaliser un bénéfice. Le bénéfice est la différence entre les coûts et les revenus. Les revenus sont la somme obtenue pour la vente des biens ou services pendant un an ou une période déterminée. Les coûts sont les frais encourus pour la production de biens ou services. Le bénéfice net est la différence entre les coûts et les revenus.

Le compte des résultats (des profits et des pertes)

Comment les gestionnaires savent-ils le montant exact des frais et des coûts? C'est là qu'intervient le service de comptabilité. Le rôle des comptables est de renseigner la direction à l'aide de comptes des résultats qui indiquent les gains et les pertes. Ces comptes indiquent les revenus, les frais et le bénéfice net pendant une période de temps déterminée. Dans les comptes des résultats, les comptables présentent comme revenus la valeur des biens et des services qui se sont vendus pendant l'année, et comme coûts, la valeur des biens et services qui ont été utilisés pendant l'année indépendamment de quand ils ont été payés. C'est la raison pour laquelle les comptes des résultats ne sont pas aussi précis qu'on pourrait le souhaiter[1].

Il existe une différence entre les revenus et les coûts et les paiements reçus et effectués. C'est en fait le compte de flux monétaire ou cash flow qui indique la possibilité qu'a une entreprise à payer ses dettes à court terme. Le flux monétaire est la quantité d'argent qu'une entreprise reçoit réellement pendant une période de temps déterminée. Une entreprise peut faire de bonnes affaires, néanmoins si les acheteurs tardent à payer, le flux monétaire est bas et cela empêche l'entreprise de couvrir ses propres frais tels que la main-d'œuvre, les impôts, les matériaux, etc.

Le problème du flux monétaire est spécialement grave pour les entreprises qui débutent et ont beaucoup de frais dès le départ et peu de clients. Les nouvelles entreprises doivent investir dans les immobilisations: les locaux, les meubles, l'équipement, etc. Mais ceux-ci ne sont pas éternels et perdent de leur valeur. La différence entre ce qu'ils ont coûté et ce qu'ils valent au bout d'un an s'appelle «l'amortissement».

---

[1]*desire, wish*

Le bilan

Un autre document que préparent les comptables est le bilan. Le bilan permet de voir très rapidement la situation financière de l'entreprise. Sur les comptes de bilan, on porte à l'actif:
- L'actif réalisable, les fonds dont on peut disposer immédiatement tels que l'argent liquide, les valeurs mobilières, les effets à recevoir
- Les immobilisations: équipement, investissements à long terme dans les locaux, meubles
- Les actifs incorporels tels que les copyrights, les brevets, les marques

On porte au passif:
- Le passif exigible: les dettes qu'a la société envers les fournisseurs et actionnaires
- Les effets à payer, en général dans un délai de 30 jours ou les engagements à long terme
- Les capitaux propres

Le bilan présente deux colonnes: à gauche celle de l'actif et à droite celle du passif. L'actif est toujours égal au passif. C'est pour cette raison qu'on parle de la balance des comptes.

Les coûts de production

Les coûts de production, selon les économistes, sont de deux sortes: les frais fixes et les frais variables. Les frais fixes sont ceux qui sont indépendants de la quantité des biens produits. Les paiements pour le loyer, les assurances, l'électricité ne varient pas en fonction du produit. Les frais variables, eux, dépendent de la quantité produite: les matériaux de base, la main-d'œuvre, etc.

Les entreprises ajustent leur méthode de production pour répondre à la demande du marché. Les changements peuvent se faire à court terme ou à long terme. Le planning à court terme a trait à des situations qui peuvent arriver tous les mois, toutes les semaines ou même tous les jours. Les décisions à long terme affecte l'organisation de l'entreprise et sont en général prises par la direction. Par exemple, un marchand de glace peut modifier à court terme ses achats de lait ou de sucre si la demande en glace augmente légèrement. Si la demande augmente d'une façon importante, il sera obligé de prendre des décisions à long terme: acheter une nouvelle usine, plus d'équipement, donc emprunter de l'argent.

La concurrence

Une des caractéristiques des économies libres est la concurrence. Dans un marché de concurrence parfaite comme celui des valeurs mobilières, un grand nombre de concurrents fabriquent tous un produit identique. Le produit est le même pour tout le monde et le prix est déterminé par le marché et non par l'entreprise.

A l'autre extrême de la concurrence parfaite, il y a le monopole, c'est-à-dire que l'entreprise est la seule à fournir un produit ou un service. C'est le cas de l'électricité en France, par exemple. Dans ce cas, l'entreprise est libre de fixer le prix qu'elle désire.

Le marché peut également avoir une structure d'oligopole: il est dominé par un petit nombre de grosses entreprises. C'est le cas de l'industrie pétrolière. C'est en général le type de marché où la concurrence est la plus vive.

Enfin, le type de concurrence le plus courant est la concurrence imparfaite: un petit nombre d'entreprises fabriquent des produits plus ou moins différents et chaque entreprise essaie de prendre, grâce au marketing, une partie du marché la plus grande possible.

ETUDE DE MOTS

Exercice 1   Study the following cognates that appear in this chapter.

le géant	le matériel	responsable
la corporation	le problème	personnel
l'individu	le client	illimité
le profit	la partie	limité
le domicile	le document	principal
la caractéristique	la situation	obligé
les fonds	la dette	déterminé
l'unité	la colonne	indépendant
les intérêts	la balance	précis
la période	la production	éternel
l'obligation	la sorte	égal
le vote	la méthode	identique
la majorité	le changement	
le risque	le planning	sanctionner
le dividende	la décision	acquitter
le pourcentage	l'organisation	acquérir
l'état	l'économie	honorer
le futur	le monopole	investir
la somme	l'oligopole	contrôler
la différence	l'industrie	ajuster
la quantité		

Exercice 2   Give the word or expression being defined.
1. ce qui est très grand
2. la personne
3. la condition
4. les ressources monétaires
5. acheter, procurer
6. l'abri, la maison, la résidence, le logement
7. la plupart, la plus grande partie
8. la proportion d'une quantité
9. le danger, l'inconvénient
10. le contraire de «passé»

11. de toujours
12. l'action de perdre une partie de sa valeur
13. ce qu'on emploie (utilise) pour produire (fabriquer) un article
14. le total, le montant
15. l'argent que l'on doit à quelqu'un
16. le nombre
17. exact
18. le type, le genre
19. le même, pareil
20. l'équilibre
21. la modification
22. la façon, la manière

Exercice 3   Match the verb in Column A with its noun form in Column B.

A	B
1. acquérir	a. l'investissement
2. obliger	b. le risque
3. risquer	c. le vote
4. investir	d. l'acquisition
5. voter	e. l'obligation

Exercice 4   Select the appropriate definition.
1. sanctionner
   a. s'acquitter   b. donner une approbation   c. contrôler
2. investir
   a. payer   b. mettre des vêtements
   c. placer des fonds (capitaux) dans une entreprise
3. s'acquitter
   a. acquérir   b. faire ce qu'on doit faire   c. sanctionner
4. honorer
   a. remplir une obligation   b. obliger   c. détester
5. limiter
   a. restreindre, fixer des limites   b. donner un pourcentage
   c. proportionner

Exercice 5   Match the English word or expression in Column A with its French equivalent in Column B.

A	B
1. business enterprise	a. la société anonyme
2. private ownership	b. les bénéfices
3. partnership	c. la dette
4. partner	d. l'entreprise commerciale
5. corporation	e. la propriété individuelle
6. business, transaction	f. un associé
7. sales	g. les pertes

8. profit
9. losses
10. debt

h. la société collective
i. les ventes
j. une affaire

Exercice 6   Match the word or expression in Column A with its equivalent in Column B.

A	B
1. le profit	a. les bénéfices
2. l'argent qu'on doit	b. la propriété individuelle
3. la corporation	c. la perte
4. d'affaires	d. la société anonyme
5. qui a un seul propriétaire	e. la dette
6. le contraire de «profit»	f. commercial

Exercice 7   Select the appropriate word(s) to complete each statement.

1. Une _____ a deux ou plus de deux associés.
   a. société anonyme   b. société collective   c. affaire individuelle
2. Les factures que l'entreprise doit payer sont des _____.
   a. pertes   b. ventes   c. dettes
3. Pour réaliser un profit, l'entreprise ne peut pas avoir beaucoup de
   _____.
   a. pertes   b. ventes   c. propriétaires
4. Une société collective a quelques _____.
   a. associés   b. propriétaires individuels   c. affaires
5. Un autre mot qui veut dire «profit», c'est «_____».
   a. perte   b. vente   c. bénéfice
6. La quantité des produits que l'entreprise vend, c'est les _____.
   a. revenus   b. ventes   c. collections

Exercice 8   Match the English word or expression in Column A with its French equivalent in Column B.

A	B
1. loss	a. la comptabilité
2. gain	b. le comptable
3. income	c. investir
4. profit	d. la perte
5. accounting	e. le concurrent
6. accountant	f. le flux monétaire
7. income (profit and loss) statement	g. les revenus
	h. le compte des résultats
8. cash flow	i. la faillite
9. assets	j. le gain
10. liabilities	k. l'actif
11. short-term	l. le passif

12. long-term
13. bankruptcy, failure
14. to invest
15. competition
16. competitor

m. la concurrence
n. le profit, les bénéfices
o. à long terme
p. à court terme

Exercice 9   Give the word or expression being defined.
1. ce que gagne l'entreprise
2. ce que perd l'entreprise
3. pour beaucoup de temps
4. pour peu de temps
5. tous les biens, l'argent, les actions, les investissements qu'on possède
6. toutes les dettes qu'on a encourues
7. l'action désastreuse de perdre tous ses biens
8. l'action d'acheter des actions ou des titres, verser de l'argent dans la banque
9. celui qui vend le même produit que vous

Exercice 10   Match the word or expression in Column A with its opposite in Column B.

	A		B
1.	la perte	a.	la perte
2.	le profit	b.	l'assurance
3.	à long terme	c.	le gain
4.	le risque	d.	le passif
5.	investir	e.	à court terme
6.	l'actif	f.	dépenser

Exercice 11   Match the English word or expression in Column A with its French equivalent in Column B.

	A		B
1.	costs	a.	les coûts
2.	sale	b.	les gains et les pertes
3.	expenses	c.	couvrir les frais
4.	total	d.	le montant
5.	payment	e.	la vente
6.	account	f.	les frais variables
7.	profit and loss	g.	le compte
8.	to cover expenses	h.	les frais fixes
9.	fixed expenses	i.	les frais
10.	variable expenses	j.	le paiement

Exercice 12   Complete each statement with the appropriate word(s).
1. Il faut avoir assez d'argent disponible pour _____ les frais.
2. Il a reçu la facture. Il va faire le _____ demain. Il m'a assuré qu'il va la payer.

3. Les dépenses qu'il faut encourir pour produire ou fabriquer une marchandise (un produit) sont les _____ ou les _____ de production.
4. Les _____ changent d'après la quantité qu'on produit.
5. La quantité des marchandises qu'on produit n'a aucune influence sur les _____.
6. Ce qu'on gagne et ce qu'on perd sont les _____ et les _____.
7. Si un client achète un article, l'entreprise effectue une _____.
8. Il existe des _____ pour toutes sortes de transactions fiscales.

Exercice 13 Study the following English terms and their French equivalents.

balance sheet   le bilan
profit and loss statement (income statement)   le compte des résultats
stocks and bonds   les valeurs mobilières
fixed assets   les immobilisations
current assets   l'actif réalisable
tangible assets   les actifs corporels
intangible assets   les actifs incorporels
accounts receivable   les effets à recevoir, les valeurs réalisables
accounts payable   le passif exigible, les effets à payer

Exercice 14 Select the appropriate definition.
1. le total (montant) des dettes
   (l'actif / le passif)
2. les valeurs mobilières, les gains, les biens mobiliers tels que les bureaux, les locaux, l'équipement
   (l'actif / le passif)
3. l'état de l'argent disponible pour couvrir des frais immédiats
   (le flux monétaire / les immobilisations)
4. le capital qu'on peut vendre et convertir en liquide assez vite
   (l'actif réalisable / les immobilisations)
5. le capital qu'on ne peut pas convertir en liquide tout de suite tel que les biens mobiliers et l'équipement
   (l'actif réalisable / les immobilisations)
6. les possessions telles que les biens mobiliers et l'équipement
   (les biens [actifs] corporels / les biens [actifs] incorporels)
7. les biens comme un copyright ou une marque registrée *(trademark)*
   (les biens [actifs] corporels / les biens [actifs] incorporels)
8. l'ensemble des dettes auxquelles l'entreprise est obligée
   (le capital / le passif)
9. les actions, les titres, etc.
   (les valeurs mobilières / les immobilisations)

COMPREHENSION

Exercice 1 Give the term being defined.
1. une entreprise dont le propriétaire est un seul individu
2. une entreprise qui a deux ou plus de deux associés
3. une entreprise qui a le pouvoir d'acquérir des fonds en vendant des actions et en émettant des titres ou obligations
4. une unité de propriété dans une société anonyme
5. la différence entre les revenus et les frais
6. les comptes qui indiquent les revenus, les frais (coûts) et les bénéfices, le revenu net pendant une période déterminée
7. le document qui permet aux gestionnaires de voir très rapidement la situation financière de l'entreprise
8. les coûts de production qui sont indépendants de la quantité des biens produits
9. la période de temps qui permet à l'entreprise de modifier les facteurs de production
10. l'existence d'une entreprise qui est la seule à fournir un certain bien ou service

Exercice 2 True or false?
1. L'individu qui a une entreprise de propriété individuelle a droit à tout le profit de l'affaire.
2. L'individu qui a une entreprise de propriété individuelle ne peut perdre que ce qu'il a investi dans l'entreprise.
3. C'est le vote des actionnaires qui ont la majorité des actions qui contrôle une société anonyme.
4. Le but d'une entreprise est celui de réaliser au maximum un bénéfice.
5. Si les clients d'une entreprise tardent à payer, le flux monétaire est bas et cela empêche l'entreprise de couvrir ses frais.
6. Les actifs corporels d'une entreprise sont les machines, les locaux et l'équipement.
7. Les frais fixes des coûts de production dépendent de la quantité des biens produits.
8. Le planning à court terme ne permet pas à l'entreprise de modifier les facteurs de production.

Exercice 3 Answer.
1. Quel risque les actionnaires courent-ils en achetant des actions?
2. Au contraire, quels sont les gains qu'ils peuvent réaliser?
3. Qu'est-ce qui exerce une influence sur la valeur des actions d'une entreprise?
4. Quelle est la différence entre la concurrence parfaite et la concurrence imparfaite?

Exercice 4   In your own words, explain each of the following terms.
1. le revenu d'une entreprise
2. les coûts de production
3. le travail des comptables
4. le flux monétaire
5. l'amortissement
6. le bilan
7. le compte des résultats

Chapitre 6

LE CHOMAGE ET L'INFLATION

Il y a quatre facteurs de production:
- Les ressources naturelles telles que la terre, mais aussi les arbres, les sources, etc.
- Le capital qui est non seulement l'argent qui achète toutes les ressources nécessaires, mais aussi l'équipement, les bâtiments, l'outillage
- Les entrepreneurs qui prennent les risques et les responsabilités nécessaires pour créer de nouvelles entreprises
- La main-d'œuvre qui représente le travail humain dans la production

Parlons maintenant du dernier facteur, la main-d'œuvre, les gens qui travaillent. Qu'est-ce que la main-d'œuvre et comment la décrire? C'est la population active ou le pourcentage de la population totale qui a ou cherche un travail. Il s'agit en général de personnes de plus de 16 ans.

Quand les salaires sont élevés, le nombre de personnes qui cherchent un emploi est également élevé. Quand ils sont bas, le nombre de personnes qui cherchent un emploi est également bas. La situation idéale est quand toute la population active a un emploi et gagne un salaire équitable.

Le chômage

Le chômage est un problème grave pour tous les pays industrialisés. Tout le monde se souvient de la crise des années 30 aux Etats-Unis quand le quart de la population active s'est retrouvé sans emploi. La crise a également affecté les pays européens et a causé des changements dans les structures économiques et sociales.

Mais qu'est-ce que le chômage, exactement? Aux Etats-Unis, il se définit de la manière suivante: «une personne de 16 ans ou plus qui cherche un emploi et qui n'a pas travaillé pendant la semaine qui précède mais a cherché du travail pendant les quatre semaines précédentes». Il est évident que la définition n'est pas parfaite parce qu'il est difficile d'identifier toutes les personnes qui cherchent un travail mais n'en ont pas un. Il y a plusieurs sortes de chômage.

Le chômage frictionnel Les chômeurs de ce type sont à la recherche d'un meilleur emploi ou en attente d'un meilleur emploi. Le terme de «friction» met en valeur le fait que le marché du travail n'est pas parfait et ne peut immédiatement accorder travailleur et travail, d'où friction. Ce type de chômage est temporaire et ne représente pas un problème économique. C'est d'ailleurs un phénomène relativement constant, inévitable même en période de plein emploi où le taux de chômage est de 4 ou 5%.

Le chômage temporaire Dans cette catégorie se trouvent les travailleurs qui dépendent de la saison: les agriculteurs, les ouvriers en bâtiment, les moniteurs de ski.

Le chômage structurel Les travailleurs perdent leur travail parce que la structure même de l'industrie a changé; soit le progrès technique a éliminé leur travail, soit l'industrie même a subi des changements imprévisibles, comme l'industrie du pétrole aux Etats-Unis. On appelle quelquefois ce genre de chômage «chômage technologique».

Le chômage conjoncturel Ce type de chômage est dû à une crise économique. Les travailleurs qui perdent leur emploi peuvent rester au chômage pendant longtemps et ne peuvent qu'espérer en une meilleure situation économique.

Le taux de chômage

Le taux de chômage, c'est-à-dire le pourcentage de la population active qui n'a pas ou ne cherche pas d'emploi ne se divise pas en catégories de chômage. Il indique simplement le rapport entre la population active qui travaille et celle qui ne travaille pas. Le taux d'emploi est le pourcentage de la population qui a un emploi. Pendant une crise économique, le taux de chômage augmente et le taux d'emploi diminue. D'une façon générale, le taux d'emploi aux Etats-Unis a augmenté depuis la fin des années 70, mais le taux de chômage pour les jeunes et en particulier les jeunes des groupes minoritaires a augmenté. La raison pour laquelle le taux d'emploi a augmenté est que l'on a assisté à l'entrée sur le marché du travail d'un grand nombre de femmes.

Le salaire minimum

Un grand nombre d'économistes et d'hommes politiques considèrent que le chômage des jeunes est dû au salaire minimum imposé par la loi. Si les entreprises pouvaient engager des jeunes à des salaires inférieurs au salaire minimum, il y aurait moins de chômage parmi eux. La première loi aux Etats-Unis qui a établi un salaire minimum a été passée en 1938. Le prix était de 25 cents de l'heure. Une augmentation du salaire minimum affecte les entreprises qui ont des employés payés au salaire minimum. Les entreprises qui paient leurs employés à un niveau supérieur ne sont pas affectées. Que peut faire une entreprise qui a de nombreux employés au salaire minimum quand celui-ci augmente? Elle a plusieurs possibilités: accepter un bénéfice inférieur; augmenter le prix du produit; licencier une partie de la main-d'œuvre et faire travailler plus les autres; acheter de l'équipement pour remplacer la main-d'œuvre; remplacer les ouvriers moins productifs par d'autres qui le sont plus; réduire ses pertes.

Il y a aussi un rapport entre le chômage et le PNB. Selon la loi d'Okun, une augmentation de 2,7% du PNB maintient le taux de chômage constant. Une augmentation ou une réduction de deux points du PNB résulte en une augmentation ou une réduction d'un point dans le taux de chômage.

Les syndicats

Le chômage affecte tous les travailleurs. Pour protéger leurs intérêts, ils adhèrent à des syndicats. Le premier grand syndicat américain a été créé en 1890; c'est la Fédération américaine du travail *(American Federation of Labor—AFL)*. Un autre grand syndicat se forme en 1938; c'est le Congrès des organisations industrielles *(Congress of Industrial Organizations—CIO)*. En 1955 ces deux syndicats fusionnent pour former un syndicat unique de 16 millions d'adhérents.

Les syndicats européens sont différents de ceux des Etats-Unis. La plupart sont des syndicats politiques et non de métier. Ils regroupent des travailleurs qui appartiennent à un parti politique bien déterminé.

Aux Etats-Unis, l'affiliation syndicale a diminué de 30% à moins de 20% entre les années 50 et les années 80.

Le but de tout syndicat est de protéger ses adhérents. Ils déterminent une politique commune quant aux conditions de travail, salaires et allocations en tous genres. L'entreprise et les syndicats résolvent en général leurs différends par la négociation. En cas extrême, le syndicat a recours à la grève, mais en général les conventions collectives (des accords signés par les employeurs et les syndicats qui règlent les différents aspects des conditions de travail pour une période de temps déterminée) évitent la crise.

Néanmoins, si les négociations n'aboutissent pas, chaque parti a des armes qu'il peut utiliser. Les syndicats disposent des armes suivantes.

- La grève: C'est un arrêt du travail. Pendant la durée de la grève, les travailleurs ne reçoivent pas de salaire. C'est le syndicat qui les paie en utilisant les fonds de la caisse de grève.
- Le cordon de piquets de grève: Les grévistes forment un cordon devant le lieu de travail pour essayer de dissuader les autres employés d'aller travailler.
- Le sabotage: C'est évidemment un moyen illégal mais qui est utilisé de temps en temps pour obtenir un meilleur contrat.
- La grève perlée: C'est une grève qui interrompt l'activité habituelle de l'entreprise par un ralentissement de travail.
- Le boycottage: On se met d'accord de ne pas acheter tel ou tel produit fabriqué ou vendu par l'entreprise.

Les employeurs, à leur tour, disposent de plusieurs armes.

- Le lock-out: Les patrons ferment les usines ou les bureaux et empêchent ainsi les employés de travailler.
- Les brise-grèves: Les patrons remplacent tout simplement les grévistes par de nouveaux employés. En 1987, les joueurs de football américain ont fait grève, mais les propriétaires des équipes ont immédiatement engagé 1 600 nouveaux joueurs, et un mois après, les grévistes abandonnaient.
- Le remplacement par les cadres: Une entreprise remplace parfois les grévistes par ses propres cadres.
- L'injonction: C'est un ordre donné par un juge de faire ou de ne pas faire quelque chose. Une injonction n'est légale que dans certains cas, en particulier si la grève porte atteinte à l'intérêt national.

• Les associations patronales: Les employeurs ont créé des associations patronales pour se protéger contre les activités des syndicats. Ils essaient aussi de faire passer des lois limitant les droits et les activités des syndicats.

Patrons et syndicats peuvent donc se mener une guerre assez longue. Ils peuvent aussi, une fois que tout a échoué, décider de recourir à un arbitrage, un tiers parti qui décidera de l'issue du conflit.

Le cycle économique

Pendant quelques siècles, les économistes ont étudié les changements dans les tendances de production et ont remarqué un cycle économique qui se manifeste par la récurrence plus ou moins régulière d'expansion ou de crise dans l'activité économique. D'une façon idéale, il y aurait quatre phases alternant avec expansion donc sommet, puis dépression avec creux, puis reprise avec sommet, puis dépression de nouveau avec creux.

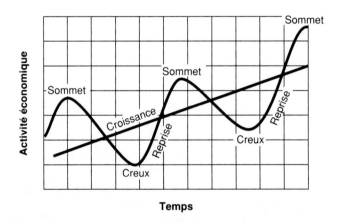

En fait, la plupart des économistes parlent de «fluctuations» plutôt que de «cycles» qui impliquent un rythme régulier, ce qui n'est pas le cas. Du point de vue historique, les économistes ont suggéré différentes raisons pour justifier les fluctuations économiques. Certains invoquent les guerres, d'autres les inventions telles que le chemin de fer, les fibres synthétiques. Quelles que soient leurs théories, la plupart des économistes sont d'accord pour dire que dans une économie de marché ce sont l'offre et la demande globale qui règlent tout. Les entreprises produisent ce qui peut se vendre avec bénéfice. Sinon, l'emploi, le niveau de vie et les salaires baissent. Mais si les gens dépensent, la production augmente de même que l'emploi et les salaires.

L'inflation

Pour la plupart des gens, la crise économique est le pire qui puisse arriver. Mais l'inflation est tout aussi grave, surtout pour les gens qui vivent de revenus fixes comme les retraités, par exemple. En effet, la plupart des prix augmentent.

Malheureusement tous les prix n'augmentent pas de la même façon, ce qui rend les choses plus compliquées. De même, les créanciers y perdent; si l'argent vaut moins, ce qu'ils reçoivent est également moins.

L'inflation a également tendance à faire monter les taux d'intérêt, ce qui est néfaste pour le commerce. Plus la demande d'argent est grande, moins les entreprises investissent et moins les gens achètent. C'est ce qui peut causer une récession. Selon la plupart des économistes, un pourcentage de plus de 3 ou de 4% est trop élevé. Le taux d'inflation est mesuré en tenant compte du niveau général des prix pendant une période donnée.

Au 20e siècle, de nombreux pays ont souffert d'un taux d'inflation énorme. Ce fut le cas de l'Allemagne pendant la République de Weimar pendant les années 20 jusqu'à la Deuxième Guerre mondiale. Les taux d'inflation ont monté jusqu'à 30 000% en un mois!

De nos jours, des taux d'inflation ont affecté des pays tels que l'Argentine, le Brésil, le Chili et le Pérou.

ETUDE DE MOTS

Exercice 1   Study the following cognates that appear in this chapter.

les ressources naturelles	l'ordre	affecter
le capital	le cas	causer
l'équipement	le juge	précéder
l'entrepreneur	l'arbitrage	éliminer
le salaire	l'expansion	augmenter
la crise	la dépression	diminuer
le changement	la récession	imposer
la structure	la fluctuation	payer
le progrès	le cycle	remplacer
le pourcentage	l'invention	réduire
le salaire minimum	la récurrence	maintenir
l'employé		adhérer
la dépression	grave	protéger
l'inflation	industrialisé	résoudre (ils
l'affiliation	équitable	résolvent)
l'allocation	précédent	dissuader
la négociation	temporaire	impliquer
le sabotage	technique	invoquer
le contrat	technologique	compliquer
le boycottage	productif	investir
le lock-out	illégal	mesurer
l'injonction	légal	

Exercice 2   Match the verb in Column A with its noun form in Column B.

A	B
1. changer	a. la diminution
2. augmenter	b. le remplacement
3. diminuer	c. l'implication
4. employer	d. la protection
5. remplacer	e. la paie
6. réduire	f. le changement
7. adhérer	g. l'employé, l'emploi
8. protéger	h. la réduction
9. impliquer	i. la mesure
10. investir	j. l'augmentation
11. mesurer	k. l'investissement
12. payer	l. l'adhérent

Exercice 3   Give the word or expression being defined.
1. une réduction ou diminution d'activité économique
2. une récession ou crise économique longue et profonde
3. une période pendant laquelle les prix en général sont en hausse
4. le règlement d'un litige ou d'un conflit par un arbitre ou un tiers
5. qui n'est pas permanent
6. une très mauvaise situation
7. mettre (placer) de l'argent dans une entreprise
8. juste, raisonnable
9. suite de phénomènes dans un ordre déterminé
10. celui qui travaille pour une entreprise

Exercice 4   Complete each statement with the appropriate word(s).
1. Beaucoup de travailleurs adhèrent à un syndicat. Ce sont des _____ à un syndicat.
2. Le but du syndicat est de protéger ses _____.
3. Dans quelques entreprises l'_____ à un syndicat est obligatoire.
4. Quand il existe des différends entre les patrons et les travailleurs, il faut les _____ par la négociation.
5. Le _____ décidera l'issue du cas.
6. L'argent qu'on dépense pour acheter les ressources nécessaires telles que l'équipement, les bâtiments et l'outillage est _____.

Exercice 5   Match the word in Column A with its definition in Column B.

A	B
1. compliquer	a. ne pas encourager
2. réduire	b. diminuer
3. précéder	c. l'accord
4. invoquer	d. trouver une solution
5. résoudre	e. rendre plus difficile

6. dissuader
7. grave
8. le contrat

f. être placé avant
g. donner comme argument ou
   justification
h. sérieux

Exercice 6   Match the English word or expression in Column A with its
French equivalent in Column B.

A	B
1. manpower	a. la main-d'œuvre
2. work force	b. le chômage
3. employment	c. le revenu fixe
4. unemployment	d. la population active
5. full employment	e. le marché du travail
6. unemployment rate	f. l'emploi
7. employment rate	g. le taux d'intérêt
8. job market	h. le plein emploi
9. market economy	i. une économie de marché
10. living standard	j. le taux de chômage
11. fixed income	k. le taux d'emploi
12. retired person	l. le produit national brut
13. interest rate	m. le niveau de vie
14. gross national product	n. le retraité

Exercice 7   Complete each statement with the appropriate word(s).
1. _____ représente le travail humain dans la production.
2. La population qui a un travail ou qui en cherche un est la _____.
3. Celui qui n'a pas de travail et qui cherche du travail est en _____.
4. _____ est le pourcentage des gens qui cherchent du travail sans en
   pouvoir trouver.
5. Au contraire, _____ est le pourcentage des gens qui ont du travail.
6. _____ est plus haut aux Etats-Unis et en Europe, c'est-à-dire dans les
   pays industrialisés, que dans beaucoup des pays en voie de
   développement.
7. La plupart des _____ vivent d'un revenu fixe.
8. _____ existe quand tous ceux qui veulent travailler ont un emploi.
9. _____ indique le nombre d'emplois disponibles. _____ change
   selon les conditions économiques. Pendant une récession, par exemple,
   il y a moins de travail que pendant une période de croissance économique.

Exercice 8   Match the English word or expression in Column A with its
French equivalent in Column B.

A	B
1. union	a. le patron
2. union member	b. l'accord
3. trade union	c. l'adhérent

4. working conditions
5. workplace
6. agreement
7. strike
8. striker
9. collective bargaining
10. work stoppage
11. work slowdown
12. picket line
13. boss
14. third party
15. outcome
16. to dismiss, lay off
17. to merge
18. manager

d. le cadre
e. le syndicat
f. le cordon de piquets
g. le syndicat de métier
h. fusionner
i. l'issue
j. les conditions de travail
k. licencier
l. la grève
m. le gréviste
n. le lieu de travail
o. un tiers
p. l'arrêt du travail
q. le ralentissement du travail
r. les conventions collectives

Exercice 9   Select the appropriate word(s) to complete each statement.
1. Si _____ des négociations est favorable, on signera un accord.
   a. un tiers   b. l'issue   c. les conventions collectives
2. Pendant une récession beaucoup d'entreprises sont obligées de _____ des employés.
   a. augmenter   b. négocier   c. licencier
3. Pour protéger leurs intérêts, les travailleurs adhèrent à un _____.
   a. syndicat   b. patron   c. cordon
4. Les syndicats veulent toujours améliorer les _____.
   a. patrons   b. adhérents   c. conditions de travail
5. Si l'entreprise et les syndicats ne peuvent pas résoudre leurs différends, le syndicat a recours à _____.
   a. un cadre   b. une grève   c. une issue
6. Les adhérents d'un syndicat _____ font à peu près le même travail.
   a. politique   b. de piquets   c. de métier
7. Durant une grève, les grévistes forment un _____ devant le lieu de travail.
   a. cordon de piquets   b. cadre   c. lock-out
8. Il est souvent nécessaire que les patrons et les syndicats recourent à un arbitrage pour résoudre leurs différends. En ce cas c'est _____ qui décidera l'issue du conflit.
   a. un juge   b. une convention   c. un tiers

Exercice 10   Complete each statement with the appropriate word(s).
1. Celui qui est en grève est un _____.
2. Le _____ dirige les travailleurs.

3. Les _____ forment un cordon devant le _____ de travail
   pendant une _____.
4. De temps en temps les entreprises remplacent les grévistes par leurs
   propres _____.
5. Si les syndicats ne peuvent pas arriver à un _____ avec les patrons,
   il y aura peut-être une grève.
6. Pendant un _____ les travailleurs ne travaillent pas du tout. Pendant
   un _____ de travail les travailleurs vont au lieu de travail mais ils
   travaillent moins, c'est-à-dire qu'ils sont moins productifs.

Exercice 11   Match the English word or expression in Column A with its
French equivalent in Column B.

A	B
1. type	a. le but
2. search	b. la politique
3. law	c. l'issue
4. profit	d. la sorte
5. loss	e. le créancier
6. relationship	f. la recherche
7. goal	g. éviter
8. policy	h. la loi
9. to avoid	i. le sommet
10. to fall through, fail	j. la reprise
11. outcome	k. le bénéfice
12. peak	l. ne pas aboutir
13. growth	m. la croissance
14. recovery	n. le rapport
15. creditor	o. la perte

Exercice 12   Match the word or expression in Column A with its definition
in Column B.

A	B
1. le but	a. la sorte
2. l'issue	b. l'objectif
3. le contraire de «bénéfice»	c. la relation, la corrélation
4. le contraire de «creux»	d. la conclusion, le résultat
5. le type	e. ne pas pouvoir arriver à un accord ni
6. la politique	une résolution
7. le rapport	f. la perte
8. la croissance	g. le sommet
9. le bénéfice	h. la tactique, la stratégie
10. ne pas aboutir	i. l'augmentation
	j. le profit

Exercice 13   Complete each statement with the appropriate word(s).
1. Pendant une crise économique beaucoup d'entreprises et d'individus souffrent des _____.
2. L'individu à qui on doit de l'argent est un _____.
3. Après une crise économique ou une récession il y a une période de croissance, c'est-à-dire une période de _____.
4. Les syndicats et les patrons doivent faire tout leur possible pour _____ une grève.
5. Le _____ des syndicats est d'améliorer les conditions de travail et les bénéfices de leurs adhérents.
6. _____ ne permet pas les boycottages. Ils sont illégaux.
7. Je ne sais pas ce que sera _____ du conflit.

COMPREHENSION _____

Exercice 1   Answer.
1. Qu'est-ce que le chômage?
2. Qu'est-ce que le taux de chômage?
3. Pourquoi le taux d'emploi a-t-il augmenté récemment aux Etats-Unis?
4. D'après quelques économistes, comment le salaire minimum affecte-t-il les jeunes?
5. Pourquoi beaucoup de travailleurs adhèrent-ils à des syndicats?
6. Qu'est-ce qui est arrivé en 1955?
7. Comment les syndicats européens sont-ils différents de ceux des Etats-Unis?
8. Aux Etats-Unis l'affiliation à des syndicats a-t-elle augmenté ou diminué?
9. Comment un cycle économique se manifeste-t-il?
10. D'une façon idéale, il y aurait combien de phases dans un cycle économique?
11. Dans une économie de marché, qu'est-ce qui règle toute l'activité économique?
12. Pourquoi l'inflation est-elle grave?
13. Qu'est-ce qui peut causer une récession?

Exercice 2   True or false?
1. Pendant une récession le taux de chômage augmente.
2. Pendant une période économique d'expansion ou de croissance, le niveau de production est très bas.
3. Le pire des situations économiques qui puissent arriver pour la plupart des gens est une crise économique.
4. L'inflation est un facteur négatif pour ceux qui vivent de revenus fixes.
5. L'inflation a tendance à faire monter les taux d'intérêt.
6. Le commerce bénéficie des taux d'intérêt plus élevés.

Exercice 3   Identify the type of unemployment.

1. M. Levallois a changé d'emploi plusieurs fois cette année. En ce moment il ne travaille pas mais il ne s'inquiète pas car il sait que dans très peu de temps il trouvera un meilleur emploi.

2. Depuis des années M. Dejarnac travaille dans le même atelier. Mais malheureusement il a perdu son emploi. L'entreprise vient d'acheter de nouveaux ordinateurs et M. Dejarnac n'a pas la formation nécessaire pour continuer à exercer son métier.

3. Mlle Brieuc est monitrice de ski. C'est le mois de juillet et elle ne travaille pas. Mais ça ne fait rien parce qu'elle aura du travail en hiver.

4. Mme Jamet est architecte. En ce moment elle est au chômage. Il y a une récession et Mme Jamet ne peut pas trouver d'emploi parce qu'il y a très peu de travail dans le bâtiment.

Exercice 4   In your own words, explain each of the following terms.

1. la population active
2. le chômage
3. le salaire minimum
4. le syndicat
5. la grève
6. le cycle économique
7. l'inflation
8. le chômage conjoncturel
9. la grève perlée
10. les brise-grèves

Chapitre 7
L'ARGENT ET LA BANQUE

L'argent

Au départ, le commerce était fondé sur le troc, c'est-à-dire l'échange de marchandises de valeur égale. Déterminer les valeurs respectives des marchandises à échanger était une tâche fort complexe. C'est ainsi qu'est née l'idée de créer une monnaie d'échange: le vendeur détermine le prix qu'il veut pour sa marchandise, et l'acheteur lui donne cette somme d'argent. Mais qu'est-ce que l'argent? On pourrait définir l'argent en ces termes: «tout moyen de paiement qui est accepté d'une façon générale et qui peut s'échanger pour des biens et services, à la satisfaction des partis engagés dans l'échange». L'argent en soi n'a souvent aucune valeur sinon qu'il représente une valeur. Les gens doivent être d'accord sur ce qui représente de l'argent. S'ils acceptent des coquillages[1] ou des cailloux[2], alors ces coquillages ou ces cailloux deviennent de l'argent.

L'argent a plusieurs fonctions et caractéristiques. Les fonctions de l'argent sont les suivantes:

- C'est un moyen d'échange: on peut l'utiliser pour acheter des biens et des services.
- C'est une mesure de valeur: on peut l'utiliser pour comparer la valeur de biens différents; par exemple, une voiture vaut 10 000 $, une autre en vaut 12 000.
- C'est un stockage de valeur: on peut l'accumuler et le garder.

Les caractéristiques de l'argent sont les suivantes:

- L'argent doit être accepté comme tel. Dans un système économique, tous les participants doivent être d'accord sur le fait que l'argent a de la valeur, et peut être utilisé à la satisfaction de toutes les partis.
- Il doit être divisible: les différentes unités, aussi grandes ou petites soient-elles, doivent conserver une valeur fixe.
- Il doit être transportable, ce qui est le cas avec la monnaie de papier.
- Il doit avoir une valeur plus ou moins stable: on doit pouvoir acheter le même bien avec environ la même somme d'argent pendant une période de temps raisonnable.

Quand nous pensons «argent», nous pensons pièces et billets de banque. On utilise l'argent liquide pour des transactions de peu de valeur. Plus de 80% de la valeur

_____

[1]*shells*   [2]*pebbles*

des transactions s'effectue par chèque. Le nombre des transactions en argent liquide est plus élevé, mais il est inférieur en valeur.

La banque

Pour savoir combien d'argent circule il faut mesurer le flux monétaire des comptes courants. De la même façon, pour contrôler la quantité d'argent qui circule, il faut contrôler ces comptes. La plupart des gens reçoivent un salaire; ils dépensent leur argent en achetant des produits ou des services. Toutes ces transactions se font par les banques. Il y a plusieurs sortes de banques.

Les banques de dépôt Les particuliers ou les industriels font ouvrir un compte. Ils effectuent un versement initial et reçoivent un chéquier (ou carnet de chèques). Le compte peut être ouvert au nom d'une personne ou au nom de plusieurs personnes; dans ce cas, il est joint. Le client peut ensuite prélever de l'argent en écrivant des chèques à son ordre ou à l'ordre d'autres personnes. En France on peut faire un chèque barré, c'est-à-dire que l'on peut mettre deux barres transversales parallèles dans le coin gauche. Cela indique que le chèque ne peut être encaissé que par une banque.

Pour alimenter son compte, le titulaire remplit un bordereau de versement. Le compte doit avoir un solde créditeur, sinon il serait sans provisions. Les banques envoient régulièrement des relevés de comptes qui indique l'état du compte à un moment donné. En France, la poste offre un service banquaire, les comptes chèques postaux, qui est très utilisé.

Aux Etats-Unis, il y a deux sortes de banques, les banques nationales et les banques d'état. Toujours aux Etats-Unis, les banques doivent garder une réserve d'argent qui est un pourcentage de l'argent qui a été versé. Actuellement, ce pourcentage est de 12%. Les réserves doivent être disponibles immédiatement pour satisfaire les retraits des clients. Le reste de l'argent est investi ou est prêté à d'autres clients, avec intérêt bien sûr. Les banques de dépôt prêtent aussi de l'argent au gouvernement fédéral ou à ceux des états. Ces bons du gouvernement sont intéressants pour deux raisons: ils sont négociables immédiatement et sont un placement sûr. Il est peu probable que le gouvernement ne puisse pas payer ses dettes.

Les fonds des banques de dépôt proviennent de l'argent que l'on y a déposé, soit à vue, c'est-à-dire que l'argent peut être retiré immédiatement, soit à préavis—le client doit prévenir la banque à l'avance, soit à terme—le client ne peut effectuer le retrait qu'à une certaine date. En général, le taux d'intérêt pour ces deux derniers genres de compte est plus élevé que pour les comptes à vue. Une autre façon dont les banques de dépôt obtiennent des fonds est d'émettre des billets à ordre. Ce sont des titres qui empruntent de l'argent et le repaie avec intérêts durant une certaine période de temps. D'une façon générale, l'argent que les banques ont est la différence entre les intérêts qu'elles reçoivent des personnes ou entreprises auxquelles elles ont prêté de l'argent et les intérêts qu'elles paient à leurs clients.

Le rôle des banques de dépôt est très important. Il est beaucoup plus efficace d'effectuer toute transaction financière par chèque qu'en argent liquide.

Les banques de crédit Comme leur nom l'indique, ces banques offrent des crédits à ceux qui en demandent. Ce sont des banques de type mutualité: des coopératives qui offrent des comptes chèques, des comptes de crédit, des cartes de crédit et des prêts.

Les banques d'affaires Celles-ci investissent leur capitaux en finançant de grosses entreprises. Elles se spécialisent dans les spéculations boursières.

Les caisses d'épargne En France, ce sont des institutions directement sous le contrôle de l'état. On a un livret de caisse d'épargne. C'est évidemment un compte à intérêts.

En 1907, il y a eu une crise bancaire. Pour répondre à cette crise, on a établi en 1913 le Système fédéral de réserve qui est la banque centrale des Etats-Unis. Le système compte 12 banques régionales et 24 succursales qui sont contrôlées par la Commission fédérale de réserve *(Federal Reserve Board)* à Washington. Le capital des banques de réserves est détenu par des milliers de banques de dépôt. La Commission fédérale de réserve est nommée par le président des Etats-Unis avec l'approbation du Sénat. Elle détermine la politique monétaire en conjonction avec le secrétaire du Trésor, homologue du ministre des Finances.

Le rôle du Système fédéral de réserve est de garantir une quantité stable d'argent pour l'économie. Pour cela, il a trois recours: le coefficient de réserve; le taux d'escompte, c'est-à-dire le taux d'intérêt que le Système fédéral de réserve reçoit des banques à qui il a prêté de l'argent; et les opérations sur le marché libre, qui est le moyen le plus important. Il s'agit de la vente et de l'achat de titres par les banques fédérales de réserve. Elles peuvent vendre des bons du gouvernement au public si l'inflation est trop élevée. L'argent qui sert à payer ces bons n'est donc plus sur le marché. Mais si l'économie doit être poussée, le gouvernement rachète tous ses bons et l'argent se retrouve sur le marché. Dans un sens, le Système fédéral de réserve stabilise l'économie. On peut dire que c'est le banquier des banquiers.

ETUDE DE MOTS _____

Exercice 1 Study the following cognates that appear in this chapter.

la marchandise	les fonds	accepter
le paiement	le crédit	échanger
la satisfaction	la banque de crédit	représenter
la fonction	la spéculation	utiliser
le stockage	le Système fédéral	comparer
la somme	de réserve	accumuler
la transaction	l'approbation	conserver
la banque		circuler
le chèque	transportable	mesurer
la quantité	stable	contrôler
le salaire	divisible	financer
la réserve	joint	garantir
le reste	négociable	stabiliser
la dette	financier	

Exercice 2   Match the word in Column A with its definition in Column B.

A	B
1. les marchandises	a. employer
2. échanger	b. déclaration favorable
3. la fonction	c. les biens, les produits
4. utiliser	d. garder
5. accumuler	e. assurer
6. conserver	f. donner une chose pour une autre
7. la somme	g. la quantité
8. le salaire	h. l'emploi
9. garantir	i. amasser
10. l'approbation	j. la paie

Exercice 3   Give the word or expression being defined.
1. capable d'être divisé en parties
2. capable d'être transporté d'un endroit à un autre
3. qui ne change pas radicalement
4. prendre des mesures
5. l'argent qu'on doit
6. le capital, l'argent
7. rendre stable
8. l'argent qu'on reçoit pour le travail qu'on fait
9. ce qui reste d'une quantité après en avoir pris une partie
10. qu'on peut négocier

Exercice 4   Match the verb in Column A with its noun form in Column B.

A	B
1. payer	a. la réserve
2. circuler	b. l'échange
3. stocker	c. la stabilisation
4. mesurer	d. la comparaison
5. réserver	e. le stockage
6. stabiliser	f. la satisfaction
7. rester	g. le paiement
8. comparer	h. la circulation
9. satisfaire	i. le reste
10. échanger	j. la mesure

Exercice 5   Match the English word or expression in Column A with its French equivalent in Column B.

A	B
1. check	a. le billet
2. cash	b. la dette
3. paper money	c. le chèque
4. bill	d. verser

5. coin	e. l'argent liquide
6. checking account	f. le compte d'épargne
7. savings account	g. la monnaie de papier
8. time account	h. le titulaire
9. demand account	i. la pièce
10. interest-bearing account	j. le retrait
11. bearer	k. le compte courant
12. discount rate	l. le prêt, prêter
13. monetary policy	m. le taux d'escompte
14. loan, to lend	n. le compte à vue
15. debt	o. le compte à terme
16. to deposit	p. le flux monétaire
17. withdrawal	q. le compte à intérêts
18. passbook	r. le relevé
19. monetary flow	s. le livret de caisse d'épargne
20. bank statement	t. la politique monétaire
21. legal tender	u. la monnaie légale

Exercice 6   True or false?

1. Le dollar est une monnaie de papier.
2. Il existe également une pièce d'un dollar.
3. Un billet d'un dollar est un instrument à intérêts.
4. Le dollar est un exemple de monnaie légale.
5. On peut payer ses dettes avec des dollars.
6. On peut verser des dollars dans un compte d'épargne.
7. Un compte d'épargne est toujours un compte à intérêts.
8. Le chèque est un exemple d'argent liquide.
9. Celui qui a un emprunt bancaire doit de l'argent à la banque.
10. On peut prélever de l'argent d'un compte d'épargne en écrivant des chèques à son ordre ou à l'ordre de quelqu'un d'autre.
11. Un compte C.D. aux Etats-Unis est un exemple d'un compte à vue.
12. Les fonds d'un compte à vue sont disponibles immédiatement. Il n'est pas nécessaire de prévenir la banque d'un retrait.

Exercice 7   Answer personally.

1. Vous avez un compte courant?
2. Vous avez votre compte dans quelle banque?
3. C'est un compte à intérêts?
4. Quel est le taux d'intérêt?
5. Vous payez la plupart de vos factures (notes) par chèque ou en liquide?
6. Vous avez aussi un compte d'épargne?
7. C'est un compte à vue ou à terme?
8. Vous avez emprunté de l'argent pour payer vos études?
9. La banque vous envoie un relevé mensuel qui indique l'état de votre compte?

10. Vous avez toujours un solde créditeur?
11. Vous préférez faire des versements ou des retraits?

Exercice 8   Match the word or expression in Column A with its opposite in Column B.

A	B
1. le billet	a. le compte à préavis
2. le chèque	b. le retrait
3. le compte d'épargne	c. le compte courant
4. le compte à vue	d. la pièce
5. la dette	e. emprunter
6. le versement	f. l'argent liquide
7. le livret de caisse d'épargne	g. le crédit
8. prêter	h. le chéquier

Exercice 9   Match the English word or expression in Column A with its French equivalent in Column B.

A	B
1. business, trade	a. le vendeur
2. barter	b. l'acheteur
3. value	c. le placement
4. buyer	d. le commerce
5. seller	e. remplir
6. means of exchange	f. le troc
7. to take from, draw on, charge	g. un bordereau de versement
8. to cash	h. pousser
9. to replenish, add to	i. le moyen d'échange
10. to fill out	j. emprunter
11. deposit slip	k. prélever
12. credit balance	l. le coefficient
13. to borrow	m. encaisser, toucher
14. to lend	n. un solde créditeur
15. government bond	o. le billet à ordre
16. investment	p. la succursale
17. promissory note	q. la valeur
18. branch	r. alimenter
19. ratio	s. le bon du gouvernement
20. to stimulate, prime the pump	t. prêter

Exercice 10   Complete each statement with the appropriate word(s).
1. Un bon municipal est un exemple d'un _____.
2. Avant de verser de l'argent dans un compte de banque, il faut remplir _____.
3. De nos jours le commerce n'est pas basé sur le _____. L'argent a remplacé le _____.

4. L'_____ paie de l'argent pour son achat et le _____ accepte le paiement.
5. La monnaie ou l'argent est un moyen _____.
6. Si l'on a besoin de plus d'argent, on peut l'_____ à la banque.
7. Moi, j'_____ l'argent. Le créancier le _____.
8. De temps en temps il faut que le gouvernement _____ l'économie en mettant plus d'argent en circulation.
9. Si un compte reste sans provisions, il n'a pas de _____ créditeur.
10. Une banque peut émettre des _____. Les _____ sont des titres qui empruntent de l'argent et le repaie avec intérêts durant une certaine période de temps.
11. La plupart des banques ont des _____ dans plusieurs villes.
12. La monnaie d'un pays doit avoir une _____ stable.
13. La banque peut _____ votre chèque.
14. S'il reste très peu d'argent dans votre compte, il faut l'_____.

Exercice 11   Give the word or expression being defined.
1. celui qui vend quelque chose
2. ce qui reste dans un compte
3. ce que le gouvernement émet pour emprunter de l'argent
4. toucher, recevoir de l'argent liquide pour un chèque
5. l'investissement
6. le contraire de «prêter»
7. le contraire de «vendeur»
8. l'action d'échanger une marchandise pour une autre
9. stimuler
10. compléter un document ou formulaire

COMPREHENSION

Exercice 1   Follow the directions.
Donnez une définition du terme «argent».

Exercice 2   Money has several characteristics and functions. Explain which is being described in each of the following statements.
1. J'ai de l'argent liquide et je peux le porter d'un endroit à l'autre ou même d'un pays à l'autre.
2. Pour 10 dollars je peux acheter la semaine prochaine la même chose que j'ai achetée cette semaine.
3. Je veux comparer la valeur d'un objet à celle d'un autre selon son prix.
4. J'ai des billets de 100 dollars et des pièces de 10 cents.
5. Je peux payer toutes mes dettes avec de l'argent.
6. Je peux investir de l'argent pour mon avenir.

Exercice 3   True or false?
1. La plupart des transactions s'effectuent en argent liquide.
2. La valeur des transactions en liquide est supérieure à la valeur de celles effectuées par chèque.
3. Pour déterminer la somme d'argent qui circule, il faut mesurer le flux monétaire des comptes courants.
4. On peut retirer immédiatement les fonds versés dans un compte à préavis.
5. Le taux d'escompte est le taux d'intérêt que le Système fédéral de réserve reçoit des banques à qui il a prêté de l'argent.
6. L'argent que les banques ont provient des intérêts qu'elles reçoivent des personnes ou entreprises auxquelles elles ont prêté de l'argent.

Exercice 4   Answer.
1. D'où proviennent les fonds des banques de dépôt?
2. Pourquoi faut-il que les banques aient des réserves?
3. Que font les banques avec l'argent de leurs clients?
4. A qui les banques prêtent-elles de l'argent?
5. Comment les banques font-elles (gagnent-elles) de l'argent?
6. Comment le Système fédéral de réserve peut-il régler la quantité d'argent en circulation?

Chapitre 8
LE COMMERCE
INTERNATIONAL

L'interdépendance des nations

En 1974 l'Organisation des pays exportateurs de pétrole (l'OPEP) a augmenté le prix du baril de pétrole de 2,60 $ à 11,50 $. L'effet sur l'économie des Etats-Unis et des autres pays industrialisés a été énorme. Cette hausse du prix du pétrole a eu comme résultat une inflation substantielle et une récession économique.

Ainsi, les décisions prises par un pays affectent l'économie des autres pays. Par exemple, à la fin des années 80, le Système fédéral de réserve a voulu stimuler l'économie nord-américaine. En baissant les taux d'intérêt on a plus d'argent en circulation. Cela stimule l'économie nationale. Mais, en même temps, des taux d'intérêt bas rendent les titres du gouvernement moins intéressants pour les éventuels acheteurs étrangers. Et l'achat de titres par les étrangers est nécessaire pour maintenir la valeur du dollar sur les marchés de devises internationaux. Il est également nécessaire pour aider à financer le déficit de la balance des paiements. Chaque politique économique a donc ses avantages et ses inconvénients.

Les matières premières

Depuis la révolution industrielle, les pays industrialisés dépendent d'autres pays pour diverses matières ou ressources naturelles. Les pays colonisateurs comme la France, l'Espagne, la Hollande et la Grande Bretagne prenaient les matières premières de leurs colonies et vendaient ensuite à ces mêmes colonies les produits manufacturés avec ces matières premières. Les pays colonisateurs réalisaient évidemment un bénéfice important.

Les pays en voie de développement, les pays moins développés que l'on appelle aussi quelquefois «le tiers-monde» continuent d'être une source importante de matières premières: le cuivre au Chili, la bauxite (dont on fait l'aluminium) à la Jamaïque et le pétrole au Vénézuéla, au Mexique, en Indonésie et au Nigeria. Les pays industrialisés exportent aussi des matières premières. Les Etats-Unis fournissent du bois au Japon et à d'autres pays ainsi que des produits agricoles. La CEI (l'ancienne Union soviétique) vend du pétrole et du gaz naturel à l'Europe.

Les matières premières qui sont des facteurs de production tels que le pétrole et les métaux sont fonction de la demande sur le marché mondial. La demande pour les matières premières dépend du niveau de production, mais n'est pas nécessairement proportionnelle. L'utilisation d'équipement plus perfectionné, les progrès de la technologie et d'autres facteurs permettent d'avoir le même niveau de production avec moins de matières premières. Quand le prix du pétrole augmente, les producteurs d'automobiles réagissent en fabriquant des moteurs qui utilisent moins d'essence. Le gouvernement, lui, a imposé une limite de vitesse de 55 milles à l'heure pour économiser de l'essence.

Il y a deux sortes de matières premières: celles qui sont renouvelables comme le bois ou les produits agricoles et celles qui sont épuisables, c'est-à-dire qu'on ne peut pas renouveler, comme le pétrole et les métaux. Néanmoins, le prix des matières premières épuisables n'augmente pas constamment. Divers facteurs interviennent. Quand on découvre de nouvelles sources, la quantité d'une matière première sur le marché est plus grande et le prix est bas. L'emploi de nouvelles méthodes plus efficaces pour obtenir les matières premières affecte aussi les prix. La découverte de produits de remplacement tend aussi à contrôler les prix.

Les importations et les exportations: La balance des paiements

Les Etats-Unis exportent 10% de leur production totale, mais ils importent plus qu'ils n'exportent. Le résultat est une balance des paiements négative. La balance des paiements est le relevé systématique de toutes les opérations économiques avec les autres. Il est évident que tous les pays veulent avoir une balance des paiements favorable. Les avantages sont de taille: une diminution du chômage et un taux d'emploi plus élevé, une augmentation des bénéfices, de la croissance économique, des revenus disponibles pour payer les impôts au gouvernement et la possibilité d'importer davantage.

Le compte des opérations courantes et le compte des opérations en capital

Les transactions économiques d'un pays avec les autres sont groupées en deux comptes: Le compte des opérations courantes indique les achats et ventes de biens et de services.

Compte courant   =   • Revenus qui proviennent des exportations
                       • Dépenses en importations
                       • Les transferts nets à l'étranger[1]

Le compte courant d'un pays indique un excédent lorsque ce pays a reçu plus pour les biens et services qu'il a vendus à l'étranger (les exportations) que ce qu'il a payé pour les biens et services qu'il a achetés à l'étranger (les importations). Le compte indique un déficit quand les paiements à l'étranger sont supérieurs aux ventes.

Le compte des opérations fait état du flux d'investissements ainsi que d'autres capitaux comme les prêts et les dons.

---

[1]De la même façon qu'il y a des transferts du gouvernement à des individus, c'est-à-dire des paiements unilatéraux sans échange de biens ou de services tels que ceux de la Sécurité Sociale, il existe des transferts de pays à pays sous forme d'aide extérieure.

Compte (de) capital   =   • Revenus provenant de la vente de valeurs mobilières
• Dépenses provenant de l'achat de valeurs mobilières à l'étranger

Dans un compte de capital, si un pays obtient plus de revenus en vendant des valeurs mobilières au reste du monde qu'il ne paie pour en acheter, il y a un excédent. Si c'est le cas, le pays a des entrées de capitaux. En revanche, quand le pays achète plus de valeurs mobilières à l'étranger qu'il n'en vend, il y a des sorties de capitaux et le compte de capital enregistre un déficit. L'argent utilisé pour ces transactions s'appelle des «devises». Les devises, c'est le montant qu'il faut donner pour recevoir des monnaies étrangères.

De nos jours, les Etats-Unis enregistrent toujours un énorme déficit dans la balance des paiements. Pour financer le déficit, le pays doit vendre les valeurs mobilières que possède le gouvernement ou emprunter. Mail il vaut mieux essayer de réduire ses importations et d'augmenter ses exportations. Si le total des ventes et le total des achats entre deux pays sont égaux, on dit qu'il y a un équilibre. Lorsque deux pays font du commerce il est normal que l'excédent de l'un soit le déficit de l'autre. Si le Canada vend plus aux Etats-Unis, le Canada enregistre un excédent et les Etats-Unis un déficit, et vice versa.

L'intervention de l'Etat

Comme la balance des paiements a beaucoup d'influence sur l'économie d'un pays, l'Etat intervient souvent. La balance des paiements enregistre un excédent quand les comptes des opérations courantes et de capital indiquent un excédent, quand les rentrées de devises sont positives. Quand elles sont négatives, il y a un déficit. Pour compenser ce déficit, les banques centrales peuvent vendre des valeurs mobilières. En revanche, quand il y a un excédent, les banques centrales achètent des valeurs mobilières. C'est alors qu'il y a un équilibre, d'où le terme «balance des paiements». L'excédent total de la balance des paiements est égal à l'achat de devises par la banque centrale. Le déficit est égal à la vente de devises par la banque centrale.

Le protectionnisme

L'Etat a également d'autres façons d'influencer l'économie internationale. Il peut, par exemple, soumettre les importations à des taxes, ce tarif ayant le double effet de rapporter des fonds au gouvernement et de ralentir les importations. Il peut aussi établir des quotas pour l'exportation de certains biens. Ces quotas limitent la quantité que l'on peut importer d'un certain produit.

On dit de ces mesures qu'elles sont protectionnistes. D'après certains, elles sont nécessaires pour protéger les industries vitales du pays, augmenter le taux d'emploi, diversifier l'industrie nationale et protéger la main-d'œuvre nationale contre la main-d'œuvre étrangère à meilleur marché. Malgré tous les arguments en faveur du protectionnisme, l'histoire semble prouver que le libre-échange mène à la prospérité et à la croissance économique, alors que le protectionnisme a l'effet contraire.

ETUDE DE MOTS

Exercice 1   Study the following cognates that appear in this chapter.

l'interdépendance	l'avantage	stimuler
le baril	la diminution	exporter
l'effet	le transfert	importer
le Système fédéral	l'investissement	économiser
de réserve	le total	intervenir
le déficit	l'équilibre	découvrir
la balance des paiements	l'intervention	obtenir
la colonie	la taxe	indiquer
la source	le tarif	enregistrer
le gaz naturel	le quota	réduire
la méthode		compenser
la découverte	substantiel	limiter
les produits de	en circulation	diversifier
remplacement	colonisateur	protéger
l'importation	manufacturé	
l'exportation	protectionniste	

Exercice 2   Complete each expression with the appropriate word(s).
1. un _____ de pétrole
2. le _____ fédéral de réserve
3. la _____ des matières premières
4. _____ un excédent ou un déficit
5. l'_____ des nations
6. le gaz _____

Exercice 3   Match the verb in Column A with its noun form in Column B.

A	B
1. réserver	a. l'exportation
2. exporter	b. l'importation
3. importer	c. le transfert
4. intervenir	d. la réserve
5. découvrir	e. la réduction
6. transférer	f. la découverte
7. enregistrer	g. la limite
8. réduire	h. l'intervention
9. limiter	i. la protection
10. protéger	j. l'enregistrement

Exercice 4   Complete each statement with the appropriate word(s).

exporter	l'exportation	l'exportateur
importer	l'importation	l'importateur

1. Le commerce international inclut _____ et _____.
2. Beaucoup des pays industrialisés sont obligés d'_____ les matières premières pour pouvoir _____ des biens manufacturés.
3. La plupart des pays du tiers-monde (en voie de développement) sont obligés d'_____ leurs matières premières et d'_____ des biens manufacturés des pays industrialisés.
4. Un pays _____ est un pays qui a plus d'exportations que d'importations.
5. Un pays _____ est un pays qui importe plus qu'il n'exporte.

Exercice 5   Select the appropriate word(s) to complete each statement.

1. De temps en temps il y a des _____ pour limiter l'importation de certains biens.
   a. quotas   b. sujets   c. avantages
2. Si un pays importe plus qu'il n'exporte, la balance des paiements enregistre un _____.
   a. chiffre   b. excédent   c. déficit
3. Si le montant (total) des revenus (entrées de devises) et des dépenses (sorties de devises) est égal, il existe un _____.
   a. déficit   b. excédent   c. équilibre
4. De temps en temps le gouvernement _____ pour influencer ou contrôler le commerce international.
   a. protège   b. intervient   c. découvre
5. Beaucoup d'économistes considèrent que l'intervention gouvernementale equivaut au «_____».
   a. développement   b. protectionnisme   c. équilibre

Exercice 6   Match the English word or expression in Column A with its French equivalent in Column B.

A	**B**
1. rise, increase	a. en voie de développement
2. value	b. l'aide extérieure
3. stock	c. le compte (de) capital
4. foreign currencies	d. la valeur
5. world market	e. les matières premières
6. surplus	f. faire du commerce
7. current account	g. le tiers-monde
8. capital account	h. réagir

9. manpower	i. un excédent
10. government bond	j. renouvelable
11. foreign aid	k. la hausse
12. to trade	l. les devises
13. to slow down, curtail	m. ralentir
14. to supply, furnish	n. le titre du gouvernement
15. to react	o. le compte courant
16. exhaustible, unreplenishable	p. la main-d'œuvre
17. replenishable	q. épuisable
18. developing	r. le marché mondial
19. third world	s. la valeur mobilière
20. raw materials	t. fournir
21. free trade	u. la croissance
22. growth	v. le libre-échange

Exercice 7   Complete each statement with the appropriate word(s).
1. La valeur du franc français augmente. Le franc est en _____.
2. La France fait _____ avec les Etats-Unis et beaucoup d'autres pays.
3. Le franc français, le yen japonais et la livre sterling (en Grande-Bretagne) sont des _____.
4. Le gouvernement des Etats-Unis donne de l'_____ extérieure à des pays en voie de développement.
5. Les pays en voie de développement appartiennent au _____.
6. De temps en temps les gouvernements interviennent pour _____ les importations.
7. Les _____ et les _____ sont des actifs.
8. Les minéraux sont des _____, pas des produits manufacturés.
9. Beaucoup des pays du tiers-monde _____ les matières premières.
10. Si un pays exporte plus qu'il n'importe, la balance des paiements enregistre un _____.
11. Le pétrole est une matière première _____, pas renouvelable.

Exercice 8   Give the opposite of each of the following terms.
1. la diminution
2. le ralentissement
3. un pays industrialisé
4. un produit manufacturé
5. utiliser
6. épuisable
7. un déficit
8. le marché national
9. le protectionnisme

COMPREHENSION

Exercice 1   Complete each statement with the appropriate word(s).
1. L'*OPEC* en français c'est _____.
2. Il y a deux sortes de matières premières, celles qui sont _____ et celles qui sont _____.
3. Le compte (de) capital d'un pays qui obtient plus de revenus en vendant des valeurs mobilières qu'il ne paie pour en acheter, enregistre un _____. Un tel pays a des entrées de capitaux.
4. En revanche, un pays qui achète plus de valeurs mobilières à l'étranger qu'il n'en vend, enregistre un _____, c'est-à-dire qu'il y a des sorties de capitaux.
5. L'argent utilisé pour les transactions internationales s'appelle des «_____».
6. Les tarifs et les quotas ont tendance à _____ le commerce.

Exercice 2   Answer.
1. Quel a été le résultat de la hausse du prix du baril de pétrole en 1974?
2. Qui a augmenté le prix du pétrole?
3. De qui les pays industrialisés dépendent-ils pour leurs matières premières?
4. Quels facteurs influencent la demande de certaines matières premières?
5. Les Etats-Unis ont une balance des paiements négative ou positive?
6. Pourquoi est-il avantageux d'avoir une balance des paiements positive?
7. Qu'indique le compte courant?
8. Qu'indique le compte capital?
9. Quelles sont quelques mesures protectionnistes que les gouvernements emploient pour influencer l'économie internationale?
10. Pourquoi certains économistes disent-ils que ces mesures protectionnistes sont nécessaires?

Exercice 3   True or false?
1. Si le gouvernement des Etats-Unis baisse les taux d'intérêts, les pays étrangers voudront acheter plus de bons (titres) du gouvernement américain.
2. Les Etats-Unis ne fournissent pas de matières premières à aucune nation.
3. Les producteurs d'automobiles n'ont rien pu faire pour réagir contre la hausse du prix du pétrole.
4. Il existe toujours un excédent dans la balance des paiements des Etats-Unis.
5. Il vaut mieux financer le déficit sans diminuer (réduire) ou contrôler les importations.
6. Les tarifs, qui sont des taxes sur les importations, ont le double effet de rapporter des fonds au gouvernement et de ralentir les importations.

Chapitre 9
LES FINANCES INTERNATIONALES

Le change

Le commerce international dépend de l'échange de devises. Ces échanges ont lieu sur le marché du change où l'on achète et vend les monnaies de différents pays. Les sociétés nord-américaines achètent des yens japonais pour payer les biens importés du Japon. Les Français achètent des dollars pour acheter un Boeing 747. Combien de yens donnera-t-on pour un dollar? Combien de livres sterling pour un dollar? C'est le taux de change qui nous le dit. Le taux de change est le prix d'une monnaie par rapport à une autre, par exemple, 1,00 $ = 5, 00 FF[1]. Le taux de change sur le marché du change est déterminé par l'offre et la demande de chaque monnaie. Fréquemment, les banques centrales interviennent pour influencer le taux de change.

L'intervention

En 1987, la banque du Japon a fortement influencé le marché en achetant des dollars et en vendant des yens. Il s'agissait de maintenir un bas prix pour le yen. Le Japon ne voulait pas que le prix du yen augmente par rapport à celui du dollar. Le taux de change peut s'exprimer de deux manières: 5 F pour 1,00 $ ou 0,20 $ pour 1 F. S'il faut plus de dollars qu'avant pour acheter une monnaie étrangère, on dit que le dollar a baissé. S'il en faut moins, on dit que le dollar a monté. Les gouvernements peuvent intervenir sur le marché du change comme cela a été le cas du Japon en 1987. Lorsque les gouvernements n'interviennent pas sur le marché du change, on dit que les taux de change fluctuent librement ou qu'ils sont flexibles.

C'est le système de l'offre et de la demande qui détermine le taux de change. Les importations représentent la source de la demande et les exportations, la source de l'offre. L'offre de devises pour les exportations est ce qui détermine le taux de change dans un système où le taux fluctue librement.

Dans un système de change fixe, le gouvernement agit sur le marché du change pour contrecarrer les variations de change qui résultent des fluctuations de l'offre et de la demande. Par exemple, le gouvernement peut utiliser ses réserves. Ces

---

[1]*FF = francs français. There are several countries whose money is called "francs"; Belgium and Switzerland also have francs: FB and FS.*

réserves sont la quantité de monnaies étrangères que le gouvernement possède. D'une façon traditionnelle, les gouvernements ont utilisé leurs réserves d'or à cette fin. Si le déficit ou l'excédent se produisent plus ou moins au hasard, sans récurrence régulière, il n'y a pas de problème. Mais si le déficit est continu et prolongé, le problème des réserves peut obliger le gouvernement à chercher d'autres options ou à abandonner le système de taux de change fixe. Certaines de ces options sont les suivantes.

Le contrôle du commerce international Le gouvernement peut imposer des quotas et des tarifs, en accordant des subsides pour certaines exportations et en mettant des impôts sur les intérêts et dividendes provenant des investissements à l'étranger.

Le contrôle du marché du change L'Etat peut obliger les individus et les entreprises à ne vendre leurs devises qu'au gouvernement. Le gouvernement distribue ensuite un montant limité de devises aux différents importateurs. Le gouvernement peut ainsi limiter les importations à la valeur des devises obtenues pour les exportations. De cette façon, le déficit de la balance des paiements est nulle. L'un des problèmes que cause le contrôle du marché du change est le marché noir. Si certains importateurs sont prêts à payer les devises plus cher qu'au taux officiel, ils pourront le faire illégalement.

Le contrôle des finances nationales Le gouvernement exerce ce type de contrôle en imposant une politique monétaire et fiscale qui affectera le taux de change. Le gouvernement peut limiter la quantité d'argent en circulation s'il augmente les taux d'intérêt. Néanmoins ces mesures risquent d'élever le taux d'inflation et de causer une récession économique.

Pourquoi les gouvernements s'intéressent-ils aux taux de change des devises? Une des raisons est qu'ils veulent assurer la compétitivité de leurs produits. Le Japon a agi sur le marché du change en 1987 pour maintenir le prix du yen par rapport à celui du dollar. Un yen «cher» aurait affecté les exportations. Si la valeur du yen augmente de 25% par rapport à celle du dollar, un téléviseur Sony qui coûte 400 $ en vaudra 500. Le consommateur nord-américain cherchera un téléviseur moins cher, peut-être un modèle coréen, si le won coréen n'a pas également augmenté par rapport au dollar.

Pays riches et pays pauvres

Un déficit constant dans la balance des paiements fait que certains pays sont devenus des pays débiteurs. On sait déjà qu'il y a une très grande inégalité dans la répartition des richesses au niveau mondial. Les pays industrialisés, le Japon, les Etats-Unis, l'Europe occidentale et quelques autres ont une population de 700 millions. Mais ils ont presque 80% des revenus mondiaux. Dans les pays pauvres, le revenu annuel moyen était de 260 $ dans les années 80. Dans les pays riches, il était de 11 430 $. Encore plus frappants sont les chiffres qui indiquent le taux d'espérance de vie. Dans les pays pauvres, un enfant qui naît peut espérer vivre jusqu'à l'âge de 60 ans. Dans les pays riches, jusqu'à l'âge de 76 ans. Et si nous considérons la répartition des biens, les différences sont également énormes. En

Inde, il y a 4 téléphones et 2 voitures pour 1 000 personnes. Aux Etats-Unis il y a 760 téléphones et 625 voitures.

Les économies de nombreux pays pauvres sont traditionnelles, basées sur l'agriculture et l'élevage. Pour moderniser leurs économies, ils ont besoin d'instruction et de formation professionnelle. Il leur faut aussi une infrastructure — des routes, des ports, de l'électricité, des moyens de transport — enfin tout ce qui est nécessaire pour produire et distribuer avec efficacité des biens et des services. Mais tout cela coûte beaucoup d'argent. De nombreux pays n'ont pas de quoi payer. Pour aider les pays en voie de développement, il y a un certain nombre d'agences nationales et internationales. Le Fonds monétaire international a été fondé en 1945. Le Fonds monétaire international accorde des prêts à court terme aux pays membres. Les pays qui acceptent ces prêts doivent aussi accepter certaines conditions visant à contrôler les problèmes de balance des paiements. En général, il s'agit de changements dans la politique monétaire et fiscale du pays débiteur.

La Banque mondiale est une importante source de fonds pour le financement et le développement des pays pauvres. Elle fournit des fonds pour combattre la malnutrition, l'analphabétisme et la maladie.

Les pays en voie de développement acceptent des prêts non seulement des agences internationales et des gouvernements, mais aussi des banques commerciales. En 1982, le Mexique a déclaré qu'il ne pouvait pas repayer sa dette ni même payer les intérêts sur ses prêts. D'autres pays en Amérique latine, en Asie et en Afrique se sont trouvés dans la même situation et ont essayé de renégocier leurs dettes. D'autres causes de cette crise ont été la mauvaise gestion de leur économie de la part des pays débiteurs, l'octroi de prêts risqués de la part des banques commerciales et les mauvaises conditions qui ont affligé l'économie mondiale au début des années 80. Les taux d'intérêt ont augmenté. Le prix des marchandises de base a baissé. La combinaison de tous ces facteurs a été un véritable désastre pour les pays débiteurs. Il a fallu beaucoup de dollars pour financer la dette, tout en recevant moins de dollars pour les produits. Pour pouvoir payer leur dette, ils ont dû exporter plus et importer moins. Il en est résulté une baisse du niveau de vie. Il aurait fallu qu'ils dévaluent leur monnaie et imposent des mesures d'austérité.

On peut diviser le monde en deux parties: le nord qui est riche et le sud qui est pauvre. Cette division correspond à la division entre les pays industrialisés et les pays en voie de développement ou le tiers-monde. Ce sont les pays du tiers-monde qui possèdent la plupart des ressources mondiales. Mais ces pays disent que l'ordre économique actuel agit contre leurs intérêts. Comme exemple, ils citent le contrôle qu'exercent les pays industrialisés sur les matières premières comme la bauxite, le café, le cuivre et le cacao, dont ils maintiennent le prix à un niveau relativement bas. Mais les prix des produits manufacturés augmentent. Ils disent aussi que les pays riches ferment leurs marchés aux pays du tiers-monde. Selon eux, les conditions liées aux prêts que leur accordent les banques commerciales sont très dures et les crédits que leur donnent la Banque mondiale et autres agences sont excessivement chers. Les pays en voie de développement réclament un nouvel ordre économique pour corriger ces problèmes.

ETUDE DE MOTS

Exercice 1   Study the following cognates that appear in this chapter.

l'interdépendance	le Fonds monétaire	exporter
la nation	international	intervenir
la manière	la condition	influencer
l'importation	le problème	résulter
la source	le financement	imposer
l'exportation	le développement	risquer
la variation	le désastre	moderniser
la fluctuation	l'austérité	produire
le déficit		distribuer
l'option	flexible	accorder
le quota	fixe	contrôler
le tarif	continu	fournir
le dividende	prolongé	combattre
l'importateur	fiscal	renégocier
l'exportateur	national	financer
la compétitivité	international	affliger
le consommateur	manufacturé	dévaluer
le modèle		imposer
l'instruction	dépendre	posséder
l'infrastructure	importer	

Exercice 2   Match the word in Column A with a word in Column B that has a similar meaning.

A	B
1. la nation	a. la variation
2. la source	b. l'alternative
3. la fluctuation	c. l'origine
4. le tarif	d. monétaire
5. posséder	e. avoir
6. la manière	f. l'impôt
7. fiscal	g. le pays
8. l'option	h. la façon

Exercice 3   Match the verb in Column A with its noun form in Column B.

A	B
1. exporter	a. l'importation
2. importer	b. le risque
3. dépendre	c. le développement
4. varier	d. l'exportation
5. imposer	e. l'instruction
6. risquer	f. l'accord
7. instruire	g. la dévaluation
8. distribuer	h. la dépendance

9. accorder
10. contrôler
11. développer
12. financer
13. affliger
14. dévaluer
15. posséder
16. intervenir
17. consommer

i. la possession
j. l'affliction
k. la variation
l. le financement
m. le consommateur
n. l'intervention
o. le contrôle
p. l'imposition
q. la distribution

Exercice 4   Give the word or expression being defined.
1. donner, mettre à la disposition
2. fabriqué
3. la sévérité, l'absence de luxe
4. négocier de nouveau
5. prendre des risques, encourir des risques
6. celui qui achète et utilise un bien
7. de longue durée
8. le pourcentage, la part
9. ce qui manque pour équilibrer le budget
10. qui dure ou continue
11. pas flexible
12. de beaucoup de nations

Exercice 5   Match the English word or expression in Column A with its French equivalent in Column B.

A	B
1. foreign currencies	a. l'offre et la demande
2. foreign-exchange market	b. le marché noir
3. rate of exchange	c. les devises
4. to go down	d. le taux officiel
5. to go up	e. le marché du change
6. supply and demand	f. les réserves d'or
7. to fluctuate freely	g. le taux de change
8. to counteract	h. l'impôt
9. surplus	i. contrecarrer
10. gold reserves	j. le chiffre
11. international trade or commerce	k. baisser
12. tax	l. monter
13. official rate	m. le revenu annuel moyen
14. balance of payments	n. l'excédent
15. black market	o. fluctuer librement
16. mean annual income	p. la balance des paiements
17. figure	q. le commerce international

Exercice 6   Complete each statement with the appropriate word(s).
1. Le yen japonais, la livre sterling et le franc français sont des _____.
2. Les échanges de devises ont lieu sur _____.
3. Quand la valeur du dollar _____ par rapport au franc français, le dollar achète moins de francs.
4. Quand le dollar _____, il en achète plus.
5. Le taux de change du dollar n'est pas fixe. Le dollar fluctue _____.
6. Le taux de change sur le marché du change est déterminé par _____ et _____ de la monnaie.
7. Le tarif est une sorte d'_____ sur les importations.
8. Si un pays a plus d'exportations que d'importations, il y aura un _____ dans la balance des paiements.
9. De temps en temps le gouvernement intervient pour _____ les variations de change.

Exercice 7   Give the word or expression being defined.
1. le nombre, le montant, le total
2. ce dont le marché a besoin
3. ce que le marché produit
4. le contraire de «déficit»
5. la taxe
6. les monnaies étrangères
7. le marché qui changera l'argent à un taux supérieur au taux officiel
8. le contraire de «monter»

Exercice 8   Match the English word or expression in Column A with its French equivalent in Column B.

A	B
1. third world	a. le niveau de vie
2. developing	b. la gestion
3. illiteracy	c. le tiers-monde
4. life expectancy	d. la Banque mondiale
5. living standard	e. en voie de développement
6. raw materials	f. le taux d'espérance de vie
7. management	g. la formation
8. to clamor for, demand	h. les subsides
9. subsidies	i. réclamer
10. World Bank	j. les matières premières
11. training	k. l'analphabétisme

Exercice 9   True or false?
1. La plupart des pays en voie de développement sont très riches.
2. Les pays du tiers-monde sont les pays industrialisés.
3. La Banque mondiale prête beaucoup d'argent aux pays du tiers-monde.
4. Les ressources naturelles sont des matières premières.

5. Pour exercer un métier ou une profession, il faut avoir la formation nécessaire.
6. L'âge auquel on peut espérer vivre c'est le niveau de vie.
7. L'analphabétisme est la capacité de lire et d'écrire.
8. De nombreux problèmes fiscaux des pays en voie de développement sont dus à la mauvaise gestion de l'économie.

Exercice 10   Identify the term being defined.
  1. l'âge auquel la plupart des gens vivent
  2. le degré de confort avec lequel la plupart des gens d'un pays vivent
  3. l'instruction qu'on reçoit pour exercer un métier ou une profession
  4. le contraire de «pays industrialisé»
  5. demander, exiger
  6. l'absence d'instruction

COMPREHENSION

Exercice 1   Answer.
  1. De quoi le commerce international dépend-il?
  2. Pourquoi les pays ont-ils besoin de devises étrangères?
  3. Qu'est-ce que le taux de change?
  4. Si la valeur d'une devise monte beaucoup, quel est l'effet sur les produits manufacturés dans ce pays?
  5. Qu'est-ce qui représente la source de la demande d'une devise?
  6. Qu'est-ce que les gouvernements peuvent faire pour essayer de contrecarrer les variations des taux de change de leur monnaie?
  7. Pourquoi les gouvernements s'intéressent-ils aux taux de change des devises?
  8. Sur quoi les économies de beaucoup des pays en voie de développement sont-elles basées?
  9. Quelle est une source importante pour le financement et le développement des pays pauvres du tiers-monde?
 10. Pourquoi beaucoup des pays débiteurs essayent-ils de renégocier leurs dettes?
 11. Les pays en voie de développement réclament un nouvel ordre économique pour corriger leurs problèmes. Ils disent que l'ordre économique agit contre leurs intérêts. Qu'est-ce qu'ils citent comme exemples?

Exercice 2   True or false?
  1. Les banques centrales interviennent de temps en temps pour influencer le taux de change.
  2. Si la valeur du dollar a baissé, il faut avoir plus de dollars pour acheter une monnaie étrangère.

3. Si une monnaie fluctue librement, l'offre et la demande détermineront sa valeur.
4. Une valeur «chère» d'une devise assure la compétitivité de ses produits.
5. Les pays industrialisés ont presque 50% des revenus mondiaux.
6. La Banque mondiale fournit beaucoup de fonds pour le financement et le développement des pays du tiers-monde.

Exercice 3   Answer.

1. La famille Duhamel habite la banlieue de Chicago. Ils ont envie d'acheter un nouveau téléviseur. Le Sony les intéresse beaucoup mais à ce moment-là le yen japonais a une valeur très élevée par rapport au dollar américain. Par conséquent le téléviseur Sony coûte très cher. Qu'est-ce que les Duhamel feront? Pourquoi?
2. Haïti est un pays très pauvre—le plus pauvre de notre hémisphère. Haïti n'a pas de matières premières. Il y existe très peu d'usines. En conséquence il faut que Haïti importe presque tout ce dont le pays a besoin. Sa balance des paiements est toujours négative: il y a toujours un très grand déficit. Qu'est-ce qui arrive à un pays comme Haïti? Pourquoi?

Deuxième partie
LA FINANCE

Chapitre **10**
INTRODUCTION

Entreprises et finances

Pour comprendre le rôle que jouent les finances dans le commerce, il faut garder en tête les buts de l'entreprise. Une entreprise a comme but principal une valorisation maximum. Pour les investisseurs, c'est la valorisation maximum des actions. Les intérêts des actionnaires doivent être les mêmes que ceux de la direction, ce qui n'est pas toujours le cas. Les décisions que prennent la direction affectent la valeur de l'entreprise de plusieurs façons. Une décision peut résulter en un gain à court terme avec des effets négatifs à long terme et vice versa.

On discute beaucoup de la responsabilité sociale de l'entreprise. Quand on parle de valorisation maximum, il faut ajouter «dans les limites de la légalité». Certains investisseurs considèrent la protection de l'environnement et la justice sociale comme des buts importants pour l'entreprise. Dans les années 80 et 90, certains actionnaires ont voté en faveur de l'élimination des investissements en Afrique du Sud. D'autres ont protesté contre les investissements dans l'énergie nucléaire. Bien que l'intérêt que portent les investisseurs à l'environnement et à la justice sociale soit grand, la valorisation maximum reste toujours leur préoccupation principale et influence leur vote dans cette direction.

Les propriétaires d'une société anonyme sont les actionnaires. Les compagnies AT&T et IBM ont des centaines de milliers de propriétaires. Il est évident qu'ils ne peuvent pas tous diriger directement les opérations de l'entreprise. Les actionnaires votent pour élire les membres du conseil d'administration. Les membres du conseil d'administration élisent à leur tour un président qui s'appelle en France «le président-directeur général» (familièrement «le PDG»). Le président-directeur général et les membres du conseil d'administration sont les membres du comité directeur de l'entreprise. Aux Etats-Unis, en règle générale et selon la loi, une société doit avoir un président, un secrétaire et un trésorier. Les grandes entreprises ont beaucoup de membres du conseil directeur. Dans certaines sociétés, il y a plusieurs présidents et des douzaines de vice-présidents.

La direction du service des finances

Traditionnellement, c'est le trésorier qui est chargé des finances de l'entreprise. De nos jours, on trouve souvent deux nouveaux postes, ceux de contrôleur et de vice-président des finances. Les responsabilités du contrôleur sont la comptabilité et le contrôle. Le contrôleur s'occupe de la tenue des livres. Il identifie les variations et les déviations en ce qui concerne les résultats espérés; il gère le système des salaires, le paiement des impôts, les inventaires, les actifs immobilisés et toutes les opérations de comptabilité.

Le trésorier est responsable du financement et des investissements. Il s'occupe de l'argent liquide et autres actifs circulants, il cherche des fonds supplémentaires quand il en voit la nécessité et il investit des fonds dans des projets. Il prend part à la planification à long terme, il anticipe les changements dans la technologie, les coûts, les capitaux nécessaires pour les investissements, les gains rapportés par les nouveaux projets qui ont été proposés, la demande pour le produit. Il aide à déterminer l'influence des prix sur les gains. Il s'occupe aussi des assurances, des caisses de retraite, des programmes de motivation, etc.

La hiérarchie de l'entreprise

Dans la hiérarchie de l'entreprise, le contrôleur et le trésorier sont au même niveau. Leur supérieur est le vice-président chargé des finances. Toutes les opérations financières et la planification sont la responsabilité du vice-président chargé des finances. Il renseigne[1] et conseille[2] les membres du conseil d'administration sur tous les sujets en matière de finance.

Bien que la responsabilité des finances de la société soit entre les mains de spécialistes tels que le contrôleur et le trésorier, les employés des autres services contribuent aussi à la prise de décisions financières. Ceux qui travaillent à la fabrication, aux ventes, au marketing, tous jouent aussi un rôle. Les vendeurs, par exemple, peuvent indiquer les conséquences d'une hausse du prix du produit. Le rôle des finances dans une grande entreprise est si important que le président-directeur général est souvent choisi parmi les hauts responsables des finances, en général le vice-président chargé des finances. La structure administrative d'une entreprise typique est la suivante.

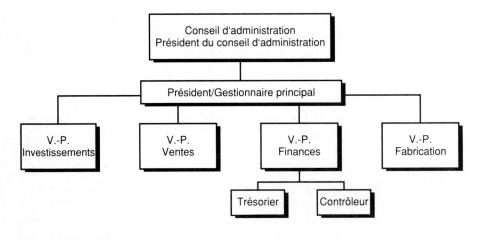

---

[1]*informs* [2]*advises*

Comme le conseil d'administration représente les actionnaires, c'est le conseil qui est le chef, et tous les membres de la direction (les vice-présidents, etc.) sont des employés. En général, lorsqu'il s'agit de décisions courantes, c'est le président qui les prend avec l'aide des vice-présidents et autres, mais c'est le conseil d'administration qui approuve ou rejette leurs recommandations.

Une autre façon de représenter une entreprise est par une pyramide.

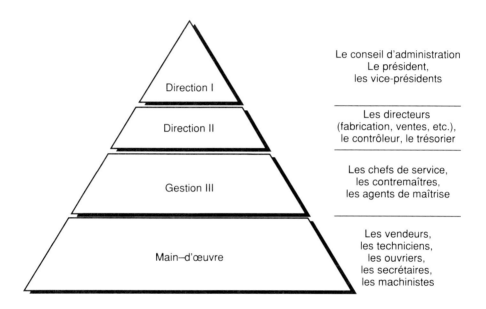

Direction I — Le conseil d'administration, Le président, les vice-présidents

Direction II — Les directeurs (fabrication, ventes, etc.), le contrôleur, le trésorier

Gestion III — Les chefs de service, les contremaîtres, les agents de maîtrise

Main-d'œuvre — Les vendeurs, les techniciens, les ouvriers, les secrétaires, les machinistes

Fonctions administratives

Les fonctions des directeurs varient selon les niveaux. Il y a quatre fonctions administratives: (1) la planification, (2) l'organisation, (3) la direction et (4) le contrôle. Les directeurs du premier groupe se consacrent surtout à la planification, peu à la direction, et un peu à l'organisation et au contrôle. Ceux du deuxième groupe se consacrent beaucoup au contrôle et un peu aux trois autres domaines. Ceux du troisième groupe se consacrent beaucoup à la direction, peu ou pas du tout à la planification, un peu à l'organisation et au contrôle. Dans le domaine des finances, le vice-président s'occupe surtout de la planification et peu de la direction. Le contrôleur et le trésorier se consacrent plus au contrôle qu'à quoi que ce soit d'autre, et un peu aux trois autres fonctions.

Nous avons déjà dit que le but de l'entreprise est la valorisation maximum. Bien que ce but paraisse clair et simple, les moyens que l'on emploie pour l'atteindre[3] ne le sont pas. Les responsables des finances d'une société doivent tenir compte de nombreux facteurs lorsqu'ils prennent une décision. La politique dont le résultat est une valorisation positive à court terme peut avoir un résultat négatif à long terme. Mais aussi, un investissement qui rapporte plus à long terme peut être moins intéressant qu'un investissement qui rapporte moins à court terme parce que la valeur de l'argent change avec le temps. Un dollar maintenant avec un taux d'intérêt de 8% est un dollar, huit cents l'année prochaine et un dollar, dix-sept cents dans deux ans. Nous reparlerons plus tard de la valeur temporelle de l'argent.

---

[3]*achieve*

ETUDE DE MOTS

Exercice 1   Study the following cognates that appear in this chapter.

l'entreprise	le vice-président	à court terme
les finances	le contrôleur	à long terme
le rôle	la variation	négatif
le commerce	la déviation	social
la valorisation maximum	le résultat	nucléaire
l'intérêt	le salaire	principal
la décision	l'inventaire	supplémentaire
le gain	le financement	nécessaire
l'effet	les fonds	financier
la responsabilité	la nécessité	administratif
la limite	le projet	
la légalité	la planification	affecter
l'investisseur	le changement	considérer
la protection	le capital	protester
l'environnement	la demande	influencer
l'élimination	le produit	voter
l'investissement	le supérieur	élire
l'énergie	l'employé	concerner
la préoccupation	le marketing	investir
le vote	la conséquence	anticiper
le propriétaire	le technicien	financer
la compagnie	le machiniste	indiquer
l'opération	la fonction	approuver
le membre	l'organisation	rejeter
le président	le contrôle	varier
le secrétaire	le facteur	
le trésorier		

Exercice 2   Match the verb in Column A with its noun form in Column B.

A	B
1. décider	a. l'investissement, l'investisseur
2. limiter	b. la planification
3. investir	c. l'organisation
4. considérer	d. le contrôle
5. éliminer	e. la décision
6. voter	f. la nécessité
7. opérer	g. la limite
8. contrôler	h. l'anticipation
9. varier	i. la considération
10. nécessiter	j. l'élimination
11. planifier	k. l'opération
12. organiser	l. le financement
13. changer	m. le vote
14. anticiper	n. le changement
15. financer	o. la variation
16. élire	p. l'élection

Exercice 3   Complete each statement with the appropriate word(s).
1. Le trésorier et le _____s'occupent des finances de l'entreprise.
2. La _____ pour un produit détermine la quantité du produit qu'on vendra.
3. Une entreprise est une _____.
4. Le président est un _____ du conseil d'administration.
5. Le _____ est l'argent que les employés reçoivent (sont payés) pour leur travail.

Exercice 4   Match the word in Column A with its definition in Column B.

A	B
1. le commerce	a. personne qui possède une chose
2. négatif	b. l'ensemble des biens possédés
3. l'investisseur	c. les produits qui restent
4. le propriétaire	d. les affaires
5. identifier	e. l'employé
6. la déviation	f. pas bon
7. le salaire	g. l'argent
8. le salarié	h. celui qui investit son argent
9. les fonds	i. accepter, dire que oui
10. l'inventaire	j. déterminer la nature
11. le capital	k. le contraire de «approuver»
12. approuver	l. l'issue, la réalisation, la conséquence
13. rejeter	m. un changement dans la direction normale
14. le résultat	n. la rémunération

Exercice 5   Match the word or expression in Column A with its French equivalent in Column B.

A	B
1. board of directors	a. l'investisseur
2. chief executive officer	b. l'investissement
3. to elect	c. à long terme
4. to direct	d. à court terme
5. investor	e. le conseil d'administration
6. investment	f. le président-directeur général
7. stockholder, shareholder	g. l'argent liquide
8. stock	h. élire
9. short-term	i. le taux d'intérêt
10. long-term	j. diriger, gérer
11. accounting	k. le paiement des impôts
12. fixed assets	l. l'action
13. earnings	m. l'actionnaire
14. cash	n. la société anonyme
15. tax payment	o. une hausse du prix
16. insurance	p. les actifs immobilisés
17. interest rate	q. la comptabilité
18. cost	r. les gains, le revenu
19. price increase	s. les assurances
20. corporation	t. le but
21. goal	u. le coût

Exercice 6   Select the appropriate word(s) to complete each statement.

investir   investisseur   investissement
action   actionnaire

1. Madame Lasserre veut _____ de l'argent dans l'entreprise Frères Compiègne, S.A.
2. Elle veut faire un _____ dans la compagnie.
3. Elle veut acheter des _____.
4. Beaucoup d'_____ achètent des actions dans les grosses entreprises.
5. Les _____ ont le droit de voter pour (élire) les membres du conseil d'administration.

Exercice 7   Complete each statement with the appropriate word(s).
1. Le chef ou le directeur du conseil d'administration s'appelle _____.
2. Le _____ varie (change) mais à ce moment il est à peu près de 5%.
3. Le service de la _____ s'occupe des finances de l'entreprise.
4. Les actionnaires vont _____ les membres du conseil d'administration pendant la réunion annuelle.
5. Un investissement _____ est pour une période de très peu de temps.

6. Il existe des _____ sur la vie, contre les accidents du travail, etc.

7. Il ne l'a pas payé par chèque. Il l'a payé en _____.

8. Les _____ sont les fonds (l'argent) que l'entreprise reçoit.

9. *Inc.* aux Etats-Unis est le sigle qui signifie *incorporated,* et «S.A.» en France est le sigle qui signifie «_____».

10. Le _____ de n'importe quelle entreprise est la valorisation maximum.

11. Une _____ peut affecter la demande pour un produit.

12. Le _____ est le prix d'une chose ou la somme d'argent qu'il faut dépenser pour le produire.

Exercice 8   Match the English word or expression in Column A with its French equivalent in Column B.

A	B
1. management	a. les ventes
2. sales representative	b. la fabrication
3. sales	c. la direction, la gestion,
4. foreman	l'administration
5. worker	d. la main-d'œuvre
6. manpower	e. le programme de motivation
7. accounting	f. la caisse de retraite
8. bookkeeping	g. le vendeur
9. incentive program	h. le chef de service
10. department head	i. le contremaître, l'agent de maîtrise
11. pension fund	j. l'ouvrier
12. manufacturing	k. la tenue des livres
	l. la comptabilité

Exercice 9   Give the word or expression being defined.

1. celui qui dirige les ouvriers

2. celui qui fait un travail manuel

3. le directeur d'un département ou service d'une entreprise

4. les fonds mis de côté pour les gens du troisième âge qui ne travaillent plus

5. l'ensemble des ouvriers ou employés

6. le contraire de «achats»

7. celui qui est responsable des ventes

8. l'action de transformer des matières en produits d'usage courant

9. ce que l'entreprise offre aux employés pour les encourager à travailler plus

10. l'ensemble des dirigeants ou gestionnaires

11. le service chargé des comptes financiers

COMPREHENSION _____

Exercice 1   True or false?
1. Les actionnaires dirigent directement les opérations de l'entreprise.
2. Les actionnaires élisent le président du conseil d'administration.
3. Le contrôleur de l'entreprise s'occupe de la comptabilité et du contrôle financier de l'entreprise.
4. Le contrôleur vérifie si l'entreprise réalise les résultats financiers espérés.
5. Le contrôleur est chargé de la planification à long terme.
6. Le trésorier s'occupe des assurances, des caisses de retraite et des programmes de motivation.

Exercice 2   Answer.
1. Quel est le but principal d'une entreprise?
2. Qui sont les propriétaires d'une société anonyme?
3. Pour qui les actionnaires votent-ils?
4. Que fait le contrôleur?
5. Qui gère le système des salaires, les inventaires et les actifs immobilisés?
6. Que fait le trésorier?
7. Le contrôleur et le trésorier sont presque toujours au même niveau dans la hiérarchie de l'entreprise. Qui est leur supérieur?
8. Qui sont d'autres employés qui participent à la prise de décisions financières?
9. Qui se consacre le plus à la planification de l'entreprise?
10. Qui se consacre le plus à la direction?
11. Pourquoi une décision financière qui rapporte plus à court terme peut-elle avoir des conséquences négatives à long terme?

Exercice 3   Prepare a list of responsibilities of the following individuals in a large corporation.
1. le contrôleur
2. le trésorier

Chapitre 11
LE SYSTEME FINANCIER

Pour avoir une économie stable et saine[1], il est indispensable d'avoir un système financier efficace. Examinons d'abord la partie du système formé par les institutions qui assistent le public et les entreprises dans le financement de l'achat de biens et services, dans l'investissement des capitaux et l'assignation des actions et obligations.

Le système financier est une aide précieuse quand il s'agit d'investir ses économies. Les économies sont les revenus ou l'argent qui restent aux individus ou aux entreprises une fois qu'ils ont payé les biens ou les services reçus pendant une période de temps déterminée. Ces revenus sont utilisés, d'une part, pour l'achat d'actifs immobilisés et, d'autre part, pour la production de biens ou de services. Les économies se transforment en investissements. L'individu ou l'entreprise peut, par l'intermédiaire du système financier, transférer à d'autres individus ou entreprises l'argent économisé pour le financement de projets. Ce genre de transaction résulte en un actif financier qui est la possibilité de revendiquer une portion des futurs revenus et des actifs de ceux qui ont émis le titre. Pour celui qui a émis l'actif, cette revendication (réclamation) est un passif financier. Pour chaque actif financier qu'a une personne ou une entreprise, il existe un passif financier correspondant.

Les marchés commerciaux

Pour l'achat et la vente des actifs, il y a les marchés commerciaux. Il y en a de deux types: les marchés primaires et les marchés secondaires. Les marchés primaires sont les marchés sur lesquels sont vendus les actions ou les titres nouvellement émis. Les marchés secondaires sont les marchés où sont négociés ultérieurement les actions ou les titres. La majorité des achats et ventes des titres s'effectuent par l'intermédiaire de courtiers ou d'agents de change. La majeure partie des activités des courtiers ou agents de change s'effectue sur les marchés secondaires. Ces marchés offrent de grands avantages au public. L'investisseur a une grande variété d'actifs financiers parmi lesquels choisir. Il ne se limite pas seulement aux actifs récemment émis. L'investisseur qui veut de l'argent liquide peut vendre ses actifs sans avoir à attendre l'échéance d'un titre. Les marchés secondaires sont également importants pour les actionnaires. Du moment que l'entreprise qui a émis les actions au départ existe toujours, les actions sont

---

[1]*healthy*

négociables. Il est évident qu'il y a toujours plus d'actions qui existe déjà que d'actions nouvellement émises. C'est pourquoi il y a beaucoup plus d'activité sur les marchés secondaires que sur les marchés primaires.

Les agents de change achètent des actifs financiers et les revendent ensuite. Ils gagnent la différence entre le prix auquel ils ont acheté et le prix auquel ils vendent. Les courtiers, eux, n'achètent pas d'actifs. Ils facilitent les contacts entre acheteurs et vendeurs. Les courtiers reçoivent une commission pour chaque transaction.

Les intermédiaires financiers

Ce sont les intermédiaires financiers qui font fonctionner le système financier. Les intermédiaires sont des institutions telles que les banques, les caisses d'épargne, les caisses d'emprunt-épargne et les compagnies d'assurances. Les intermédiaires offrent encore d'autres avantages en ce qui concerne les transferts de fonds:

- Liquidité et flexibilité. L'intermédiaire peut réunir les fonds de nombreux investisseurs pour fournir de grandes sommes à ceux qui ont besoin d'argent.
- Facilité et commodité. L'intermédiaire offre à ses clients toute une variété de services financiers.
- Diversification. L'intermédiaire a accordé des emprunts à une variété d'individus et d'entreprises, ce qui diminue les risques pour les investisseurs.
- Sécurité. Aux Etats-Unis, le gouvernement fédéral garantit les comptes bancaires de certaines institutions.
- Expérience. L'intermédiaire qui se consacre à l'achat et la vente des actifs en général connaît mieux le marché qu'aucun individu.

Les banques Les intermédiaires les plus communs sont les banques commerciales. Il y en a 15 000 aux Etats-Unis. Les banques commerciales offrent beaucoup de services: les comptes courants, les comptes d'épargne, les emprunts et les hypothèques. Il existe également beaucoup de caisses d'épargne et ce qu'on appelle aux Etats-Unis des *savings and loan associations*. Elles reçoivent les fonds que leurs clients versent dans leurs comptes d'épargne. Elles prêtent l'argent surtout à des individus qui veulent d'acheter une maison.

Les coopératives de crédit Les coopératives de crédit sont formées par des membres qui font partie de la même entreprise ou syndicat. Ces coopératives de crédit offrent des comptes d'épargne à leurs associés et utilisent l'argent pour faire des prêts à d'autres membres. Bien qu'elles soient presque toujours petites, ces institutions sont nombreuses. Il y en a plus de 20 000 aux Etats-Unis.

D'autres intermédiaires financiers sont les compagnies d'assurances, les caisses de retraite, les caisses d'emprunt et les sociétés de placement.

Les compagnies d'assurances Les compagnies d'assurances sont des intermédiaires très importants dans le système financier. Elles sont de deux sortes: celles qui couvrent les risques d'accidents de personnes (travail, décès, etc.) et celles qui couvrent des accidents de biens (incendies, pertes d'objets de valeur, etc.). Le contrat d'assurance s'appelle «une police». L'assuré paie une certaine quantité d'argent—la prime—à la compagnie d'assurances. La compagnie promet de payer une indemnité si l'assuré souffre de dommages contre lesquels il s'est assuré. Il peut s'agir d'une assurance vie, d'une assurance vol, d'une assurance incendie. Une assurance contient souvent une franchise, c'est-à-dire un montant qui est déduit de l'indemnité en cas d'accident. La compagnie reçoit des primes de beaucoup de personnes pour payer les pertes de beaucoup moins de personnes. Elle investit ensuite ce qui reste. Les polices d'assurances ont un élément d'épargne. En effet, une partie de la prime est gardée comme dépôt bancaire et accumule des intérêts. Avec le temps, le total augmente à mesure que les paiements de primes s'ajoutent ainsi que les intérêts. Les compagnies d'assurances accumulent des quantités énormes d'argent grâce à leurs investissements.

Les caisses de retraite Les caisses de retraites servent à donner des revenus aux personnes à la retraite ou invalides. Les travailleurs et leurs patrons contribuent de l'argent à une caisse commune. Cet argent est transformé en actions, titres, obligations ou hypothèques.

Les sociétés de placement Les sociétés de placement sont des institutions qui paient des professionnels pour investir et gérer[2] leur capital. Chaque action est une partie du total des investissements. Les actionnaires de ce genre de société ont le droit de vendre leurs actions à la société quand ils le veulent. Les actions des sociétés de placement ne sont pas négociables sur le marché secondaire. L'avantage pour l'investisseur est qu'il peut investir dans une grande variété d'actions et de titres.

Les caisses d'emprunt Les caisses d'emprunt sont de différents types; elles reçoivent généralement des fonds des banques de dépôt ou émettent des titres. Elles accordent des emprunts à court terme avec des taux d'intérêt élevés. Très souvent, leurs clients sont des gens qui ont de la difficulté à obtenir des prêts des banques.

Les effets de commerce

Les intermédiaires financiers négocient sur le marché des valeurs. Les effets qu'ils négocient sont de différents types.

L'argent Le gouvernement émet les billets de banque et les pièces. Les dépôts à vue (comptes courants de chèques) peuvent aussi être considérés comme de l'argent puisque les chèques fonctionnent comme de l'argent.

Les dettes Presque tout le monde fait des dettes—les individus, les entreprises et le gouvernement. Le débiteur (celui qui fait une dette) promet de repayer un certain montant au créancier dans une durée de temps déterminée. Les entreprises font des dettes, mais elles émettent aussi des actions. Les actions sont la propriété de l'entreprise. Les possesseurs d'actions sont les propriétaires de l'entreprise. Les actionnaires reçoivent une portion des bénéfices de l'entreprise, mais seulement une fois que celle-ci a payé ses créanciers. C'est pourquoi les créanciers de l'entreprise savent ce qu'ils vont recevoir mais pas les actionnaires.

---

[2]*manage*

Les dettes peuvent être des hypothèques, des titres du gouvernement ou des obligations en tous genres. Le gouvernement fédéral, les états et les municipalités émettent des titres. L'avantage des titres municipaux est que les intérêts sont exemptés de l'impôt fédéral. Seules les grosses sociétés émettent des titres. Les petites entreprises font simplement un emprunt à la banque. Les obligations sont à long term et servent à financer la construction de nouvelles usines ou des projets de ce genre. L'entreprise promet de payer au porteur un certain montant pendant une durée de temps déterminée. Quand ce temps est écoulé, l'entreprise paie le prix de l'obligation. Par exemple, une obligation de 1 000 $ qui arrive à échéance en 20 ans avec un taux de coupon de 10% par an rapportera 100 $ par an pendant 20 ans, plus sa valeur initiale de 1 000 $. Le coupon est l'intérêt que l'on paie au porteur, en général deux fois par an.

Les actions Les actions sont de deux sortes, les actions ordinaires et les actions privilégiées. Les actionnaires qui détiennent des actions ordinaires, reçoivent des dividendes, c'est-à-dire un pourcentage des bénéfices. Mais, s'il n'y a pas de bénéfice, il n'y a pas de dividende. D'autre part, en cas de perte ou de liquidation, les actionnaires sont payés après le règlement du passif. Les titulaires d'actions privilégiées rapportent à leurs titulaires des dividendes fixes. D'autre part, ils reçoivent leurs dividendes avant ceux qui possèdent des actions ordinaires.

L'achat et la vente s'opèrent dans les Bourses de valeurs. La plus célèbre est celle de New York, mais il y en a d'autres aux Etats-Unis et dans d'autres pays. Les entreprises doivent satisfaire certaines conditions pour pouvoir s'inscrire[3] à la Bourse. La plus exigeante est celle de New York. L'American Stock Exchange l'est un peu moins. Les petites sociétés, en général, vendent leurs actions hors marché, sans faire partie de la Bourse des valeurs. Les Bourses servent de marché pour l'achat et la vente des actions; elles renseignent les investisseurs sur les cours des actions; elles tendent à maintenir les prix stables; elles facilitent la circulation de nouvelles émissions de valeurs.

Les titres et les obligations Les titres et les obligations représentent des emprunts à long terme, c'est-à-dire des emprunts de plus d'un an d'échéance, et se négocient sur les marchés de capitaux (financiers). Les emprunts à court terme se négocient sur les marchés monétaires. Ce sont les fonds fédéraux, les bons du Trésor, les certificats de dépôt.

Les fonds fédéraux sont les dépôts de réserve des banques de dépôt. Ils se vendent et s'achètent entre banques par unités de 1 000 000 000 $. Ces prêts sont de un ou deux jours. Les taux d'intérêt peuvent varier d'heure en heure. Le volume de ces transactions peuvent atteindre 20 milliards de dollars par jour.

Les bons du Trésor Les bons du Trésor sont des emprunts à court terme. Le bon a une valeur nominale, 1 000 $ par exemple, et arrive à échéance en 12 mois. Le gouvernement le vend avec un escompte de 50 $, pour 950 $. Quand le bon arrive à échéance au bout d'un an, le porteur reçoit 1 000 $ du gouvernement.

---

[3]*to be registered*

Les taux d'intérêt Les taux d'intérêt sont le prix du crédit sur les marchés financiers. En général, si les taux d'intérêt sont élevés pour un type d'actif, ils le sont aussi pour les autres. Différents facteurs affectent les taux d'intérêt. L'offre et la demande affectent également le marché. S'il y a beaucoup d'argent disponible, les taux baissent. S'il y en a peu, les taux montent.

En résumé, les entreprises qui ont besoin d'argent ont plusieurs recours. Elles peuvent émettre des actions ordinaires et privilégiées. Elles peuvent faire un emprunt; à court terme, l'emprunt peut se payer à la banque ou à ceux qui fournissent les biens ou services. A long terme, l'emprunt peut être une hypothèque avec les biens immobiliers ou les actifs immobilisés de l'entreprise comme garantie de paiement, ou l'émission d'obligations non garanties.

ETUDE DE MOTS

Exercice 1   Study the following cognates that appear in this chapter.

le système	la diversification	financier
l'institution	le service	négociable
le financement	le risque	exempte
l'investissement	le contrôle	fédéral
le capital	le contrat	commercial
les capitaux	le dépôt	
l'assignation	l'intérêt	investir
les revenus	le chèque	payer
l'intermédiaire	la dette	transférer
la commission	le débiteur	se transformer
la transaction	le possesseur	accumuler
la banque	l'état	contribuer
le transfert	la municipalité	
les fonds	les dividendes	
la liquidité	le certificat de dépôt	
la flexibilité		

Exercice 2   Select the appropriate word(s) to complete each statement.

1. Une valeur (stable / négociable) est un titre ou action qu'on peut négocier pour une certaine somme d'argent.
2. (L'intérêt / La commission) est la somme d'argent qu'on paie à une personne pour avoir vendu quelque chose.
3. Un compte d'épargne paie des (intérêts / dividendes).
4. L'entreprise et les employés (négocient / contribuent) à la caisse de retraite.
5. (La banque / Le fond) est une institution financière.
6. Les actions paient à l'actionnaire (un dividende / une commission).
7. Une économie (stable / instable) fonctionne bien.

Exercice 3   Match the word or expression in Column A with its definition in Column B.

A	B
1. la dette	a. le versement
2. le débiteur	b. amasser
3. accumuler	c. l'argent, les ressources
4. le dépôt bancaire	d. le porteur, le titulaire
5. les capitaux	e. dispensé
6. le possesseur	f. l'argent que l'on doit
7. les fonds	g. les actifs
8. exempté	h. celui qui doit de l'argent, le contraire de «créancier»

Exercice 4   Match the English word or expression in Column A with its French equivalent in Column B.

A	B
1. stock market	a. le courtier
2. stockbroker	b. négocier
3. stockholder	c. la Bourse, le marché des valeurs
4. trader	d. l'agent de change
5. over the counter	e. le créancier
6. government bond	f. l'actionnaire
7. savings	g. le titre (bon) du gouvernement
8. investment	h. hors marché
9. investor	i. le montant
10. due (maturity) date	j. l'investisseur
11. bearer, holder	k. les économies
12. to elapse, to be up	l. l'investissement
13. cash	m. l'actif
14. asset	n. le passif
15. liability	o. la date d'échéance
16. claim, demand	p. le titulaire, le porteur
17. face value	q. la revendication, la réclamation
18. to trade	r. s'écouler
19. creditor	s. la valeur nominale
20. sum, total	t. l'argent liquide

Exercice 5   Match the English word or expression in Column A with its French equivalent in Column B.

A	B
1. federal taxes	a. le marché des capitaux
2. common stock	b. les impôts fédéraux
3. preferred stock	c. monter
4. capital market	d. l'action ordinaire
5. money market	e. le marché monétaire

6. Treasury bill   f. baisser

7. supply and demand   g. l'action privilégiée

8. to go up   h. l'offre et la demande

9. to go down   i. le bon du Trésor

10. discount   j. l'escompte

11. commercial instruments   k. les effets de commerce

Exercice 6   Select the appropriate word(s) to complete each statement.

1. L'achat et la vente des actions s'effectuent _____.
   - a. au marché des valeurs   b. au service de ventes
   - c. chez l'actionnaire

2. _____ achète et vend des actions pour ses clients.
   - a. L'investisseur   b. Le créancier   c. Le courtier

3. Le créancier a des _____.
   - a. passifs   b. actifs   c. escomptes

4. Le débiteur a des _____.
   - a. passifs   b. actifs   c. escomptes

5. L'argent-papier et les pièces sont _____ mais les actions et les bons (titres) n'en sont pas.
   - a. des obligations   b. de l'argent liquide   c. des économies

6. On doit investir ses _____ pour accumuler plus d'argent.
   - a. économies   b. comptes   c. passifs

7. Les actions sont des _____ qui ont un certain degré ou facteur de risque.
   - a. ressources   b. investissements   c. valeurs

8. Un autre mot qui veut dire «possesseur» est «_____».
   - a. courtier   b. porteur   c. créancier

9. Les investisseurs transforment leurs _____ en investissements.
   - a. économies   b. balances   c. dettes

10. Une dette est un _____.
    - a. actif   b. passif   c. investissement

Exercice 7   Give the word or expression being defined.

1. celui qui achète et vend des actions pour ses clients
2. le célèbre marché à Wall Street
3. une unité de propriété dans une grosse entreprise
4. les capitaux et les biens que possède un individu
5. le contraire de «actif»
6. la somme
7. l'argent qu'on ne dépense pas, qu'on peut épargner (mettre de côté)
8. ce qu'il faut contribuer au gouvernement à Washington
9. un titre
10. celui qui a (est titulaire) des actions
11. faire du commerce

12. prime payée à un débiteur qui paie sa dette (s'acquitte de sa dette) avant l'échéance
13. augmenter
14. diminuer
15. valeur inscrite sur une monnaie ou une valeur mobilière
16. une réclamation, une demande

Exercice 8   Match the English word or expression in Column A with its French equivalent in Column B.

A	B
1. commercial bank	a. le compte d'épargne
2. savings bank	b. le compte courant
3. credit union	c. la banque commerciale
4. savings account	d. l'emprunt, le prêt
5. checking account	e. la société de placement
6. day-to-day account, demand account	f. la caisse d'épargne
	g. émettre un titre
7. deposit, to deposit	h. la coopérative de crédit
8. loan	i. les biens et services
9. mortgage	j. le billet de banque
10. interest rate	k. le compte à vue
11. goods and services	l. le versement (dépôt), verser
12. to issue a bond	m. la pièce
13. pension fund	n. l'hypothèque
14. mutual fund	o. la caisse de retraite
15. bank note	p. le taux d'intérêt
16. coin	

Exercice 9   Answer the following questions.
1. Vous avez un compte courant?
2. Vous avez un compte d'épargne?
3. Vous avez un compte à vue ou à terme?
4. Vous avez votre compte dans quelle banque?
5. C'est quel type d'institution financière?
6. Quel est le taux d'intérêt actuel (présent) de votre compte d'épargne?
7. Vous faites combien de versements par mois?
8. Vous avez une maison? Vous en êtes le (la) propriétaire?
9. Vous avez une hypothèque?

Exercice 10   Select the appropriate rejoinder to each statement.
1. Il a besoin d'argent.
   a. Il va faire un prêt.
   b. Il va l'emprunter.
   c. Il va le verser dans son compte d'épargne.

2. Elle va emprunter de l'argent où elle travaille.
   a. Elle va à la caisse d'épargne.
   b. Elle va à une banque commerciale.
   c. Elle va à la coopérative de crédit.
3. Elle veut de l'argent pour acheter une maison.
   a. Elle va demander une hypothèque.
   b. Elle va faire un petit emprunt.
   c. Elle va ouvrir un compte.
4. Elle veut verser de l'argent dans son compte d'épargne.
   a. Elle veut faire un emprunt.
   b. Elle veut faire un versement (dépôt).
   c. Elle veut acheter un bon.

Exercice 11   Match the English word or expression in Column A with its French equivalent in Column B.

A	B
1. insurance company	a. l'assurance vol
2. policy	b. la compagnie d'assurances
3. premium	c. l'assurance incendie
4. insured	d. la police
5. compensation, benefit	e. la prime
6. deductible (amount)	f. l'assurance vie
7. life insurance	g. la perte
8. theft insurance	h. l'assuré(e)
9. fire insurance	i. la franchise
10. loss	j. l'indemnité

Exercice 12   Answer the following questions.
1. Vous avez une police d'assurance?
2. C'est pour quel genre d'assurance?
3. C'est combien la prime?
4. Quelle est la date d'échéance de la prime?
5. Cette police d'assurance paie des dividendes?
6. Les dividendes s'accumulent?
7. Vous avez souffert des pertes ou des dommages récemment?
8. La compagnie d'assurances vous a payé une indemnité?
9. La police d'assurance contient une franchise?
10. La franchise est de combien?

COMPREHENSION

Exercice 1   Answer.
1. Que sont les économies?
2. Comment peut-on transformer les économies en investissements?

3. Que font les courtiers?
4. Pourquoi pour chaque actif financier existe-t-il un passif correspondant?
5. Qu'est-ce qu'il y a pour l'achat et la vente des actifs?
6. Citez quelques intermédiaires financiers.
7. Quels sont les avantages que les intermédiaires offrent en ce qui concerne les transferts de fonds?
8. Quelles sont les deux sortes de compagnies d'assurances?
9. Qu'est-ce qu'une compagnie d'assurances permet de faire?
10. Comment les polices d'assurance ont-elles un élément d'épargne?
11. Que représente chaque action d'une société de placement?
12. Expliquez ce qu'est une action.
13. Que reçoivent les actionnaires?
14. Pourquoi les entreprises et le gouvernement émettent-ils des titres?
15. Quelle est la différence entre une action ordinaire et une action privilégiée?
16. Que représentent les titres et les obligations?
17. Quels sont des exemples d'emprunts à court terme qui se négocient sur les marchés monétaires?
18. Que sont les bons du Trésor?
19. Quels sont des facteurs qui affectent les taux d'intérêt?

Exercice 2   Select the appropriate word(s) to complete each statement.
1. Un actif pour un individu est (un passif / une commission) pour un autre.
2. L'individu qui (achète / émet) un actif a une revendication contre les futurs revenus de l'entreprise.
3. Les marchés (primaires / secondaires) sont les marchés sur lesquels sont vendues les actions nouvellement émises.
4. La majeure partie des activités des courtiers s'effectuent sur les marchés (primaires / secondaires).
5. Les (banques / emprunts) sont des intermédiaires financiers.
6. Les (banques commerciales / caisses d'épargne) offrent plus de services financiers.
7. Les (banques commerciales / caisses d'emprunt-épargne) ne reçoivent leurs fonds que par les versements faits sur les comptes de leurs clients.
8. Les (caisses de retraite / sociétés de placement) servent à donner des revenus aux personnes qui ne travaillent plus.
9. Les (banques commerciales / caisses d'emprunt) ont des taux d'intérêt plus élevés.
10. Les (actions / titres) sont des unités de propriété dans une entreprise.
11. Les (grosses / petites) entreprises émettent des titres.
12. Les titres que l'entreprise émet représentent pour l'entreprise (une dette / un bénéfice.

13. L'achat et la vente des actions s'opèrent aux (Bourses de valeurs / compagnies d'assurances).
14. Les (grosses / petites) entreprises vendent leurs actions hors marché.

Exercice 3   Follow the directions.
1. Préparez une liste de six genres d'investissements.
2. Préparez une liste de cinq intermédiaires financiers.
3. Préparez une liste de cinq instruments financiers.

Exercice 4   Identify the following terms.
1. les marchés primaires
2. les marchés secondaires
3. les coopératives de crédit
4. la prime
5. la société de placement

Chapitre 12
LES TYPES D'ENTREPRISE

Aux Etats-Unis, les grandes entreprises s'appellent des *corporations*. Leur nom est suivi du sigle *Inc.* («incorporé»). En France, les grandes entreprises sont des sociétés anonymes, «S.A.».

Pour comprendre l'idée de *corporation* ou société anonyme, il faut penser au concept de la personne. La personne physique est un homme ou une femme. Elle a un nom, un domicile et certaines responsabilités vis-à-vis de l'Etat. Mais il y a aussi la personne juridique. Ce peut être un club, une fondation ou une entreprise. Par exemple, McGraw-Hill, Inc., est une personne juridique qui a un domicile, New York, et une série de responsabilités.

Les entreprises de propriété individuelle Dans le monde du commerce, la personne physique doit être propriétaire d'un petit commerce—une entreprise de propriété individuelle. Le propriétaire n'a pas besoin d'investir beaucoup de son temps en formalités légales pour s'établir. Il n'a pas à répondre à un conseil d'administration ni à des actionnaires. Il est son propre chef. Il doit payer des impôts sur ses bénéfices, mais il n'a pas à les partager[1] avec qui que ce soit. Par contre, il est responsable des pertes. Il pourrait même avoir à céder son domicile et ses biens personnels pour s'acquitter de ses dettes commerciales. D'autre part, il ne peut pas réunir de grosses sommes d'argent. Il ne peut ni vendre des actions ni émettre des obligations. L'entreprise de propriété individuelle a la même longévité que son propriétaire. Le propriétaire meurt[2] et le commerce meurt aussi.

Les sociétés collectives

Les sociétés collectives sont formées de deux associés ou plus. Les associés décident ce que chacun investira dans l'entreprise. L'investissement peut être de l'argent, du travail ou d'autres biens et services. Les associés décident également les bénéfices que chacun recevra (tirera de l'association). Les bénéfices de la société collective sont distribués aux associés et ils paient les impôts sur leur rente personnelle. Il existe deux types de sociétés collectives: les sociétés générales (en nom collectif) et les sociétés limitées. Dans une société collective générale tous les associés sont responsables individuellement et collectivement de toutes les dettes de la société. Dans une société collective limitée il y a deux genres d'associés. Il y a au moins un associé général qui est responsable de toutes les dettes. Les associés limités investissent de l'argent dans la société et partagent une

---

[1]*share*   [2]*dies*

partie des bénéfices, mais le maximum de leur responsabilité pour les dettes de la société est la somme qu'ils y ont investie.

Les avantages d'une société collective sont les suivants:
• La possibilité de réunir des talents et des ressources complémentaires
• La facilité avec laquelle on peut former ce genre de société
• Le peu d'interférence de la part du gouvernement.

Les désavantages sont les suivants:
• Le passif illimité de tous les associés, excepté de ceux à part limitée
• L'absence de permanence: Si l'un des associés prend sa retraite ou meurt, l'association est dissoute.

Toutefois, de nos jours, les associés signent souvent un accord pour sauvegarder l'association au cas où l'un d'entre eux prend sa retraite ou meurt: ils achètent la part de celui qui prend sa retraite ou héritent de la part de celui qui vient de mourir. Les sociétés collectives les plus communes sont les associations d'avocats et de comptables.

Les sociétés anonymes

Un troisième type d'entreprise commerciale est la société anonyme qui a une personnalité juridique. Les sociétés anonymes ne constituent que 20% des entreprises, mais elles réalisent 78% des revenus. Tout comme la personne physique, la personne juridique peut vendre, acheter et transférer des propriétés; elle peut conclure des accords, poursuivre ou être poursuivi en justice. Les cinq caractéristiques d'une société anonyme sont les suivantes:
• Elle a une personnalité juridique.
• Elle a une longévité illimitée.
• Elle a le droit de participer à certaines opérations commerciales.
• Elle est la propriété des actionnaires.
• Les actionnaires ne peuvent perdre que ce qu'ils ont investi.

En plus des grandes sociétés anonymes qui ont des milliers ou des centaines de milliers d'actionnaires, il y a des sociétés anonymes moins importantes qui ne vendent pas leurs actions sur le marché des valeurs. Une société de moins de 500 actionnaires ou de moins de 1 000 000 $ en actifs n'a pas à rendre ses comptes publics si elle ne participe pas au marché des valeurs. La société Hallmark, les hôtels Hyatt et la United Parcel Service (UPS) sont de telles sociétés.

Il existe aussi des sociétés dont le but n'est pas de gagner de l'argent; ce sont les sociétés à but non lucratif. Leurs buts ne sont pas économiques, mais sociaux, religieux, artistiques. Un exemple aux Etats-Unis est le réseau public de radio et télévision PBS.

Les sociétés qui ne sont pas entièrement indépendantes sont des filiales. Les actions des filiales appartiennent à[3] d'autres sociétés qui contrôlent leurs opérations. Un autre type de société est le holding. Les holdings exercent peu, ou même aucun, contrôle sur les sociétés dont ils possèdent les actions.

---

[3]*belong to*

Les avantages d'une société anonyme sont les suivants:
• Le passif est limité: Les actionnaires ne peuvent perdre que la valeur de leurs actions.
• La liquidité: Les investissements dans des sociétés anonymes peuvent être transformés en argent liquide sur les marchés de valeurs.
• La longévité illimitée.
Les désavantages sont les suivants:
• L'obligation légale de rendre ses comptes publics: Quelquefois, la société doit révéler des bénéfices à court terme qui peuvent avoir un impact négatif à long terme.
• Le coût élevé des exigences légales pour établir une société anonyme et émettre des actions.
• L'imposition fiscale élevée: Les impôts sont plus élevés pour les sociétés anonymes que pour les autres sociétés ou les individus.

Les actionnaires sont les propriétaires des sociétés anonymes, mais ils ne sont pas tous égaux. Certains actionnaires sont plus puissants[4] que d'autres. Plus on a d'actions, plus on a de pouvoir lorsqu'il s'agit de voter. Dans de grosses sociétés comme Exxon, les actionnaires qui ont peu d'actions n'ont pratiquement pas de pouvoir. Les investisseurs institutionaux comme les caisses d'épargne, les compagnies d'assurances et les mutuelles représentent beaucoup de pouvoir—près de 25% de la valeur des actions et en l'an 2000, on prévoit 50%.

Une fois par an, il y a une réunion des actionnaires et du conseil d'administration où on élit les membres du conseil et on choisit un expert-comptable indépendant pour vérifier les comptes de la société. Les actionnaires qui ne peuvent assister à la réunion peuvent voter par procuration. Donner une procuration à quelqu'un, c'est lui donner le droit de voter pour vous.

---

[4]*powerful*

ETUDE DE MOTS

Exercice 1   Study the following cognates that appear in this chapter.

la personne physique	la liquidité	limité
le propriétaire	la longévité	négatif
le domicile	le coût	
la formalité	l'élection	sauvegarder
la dette		constituer
la somme	légal	transférer
le revenu	social	conclure
l'accord	religieux	participer
l'opération	artistique	exercer
la propriété	indépendant	élire
le holding		

Exercice 2   Match the verb in Column A with its noun form in Column B.

A	B
1. contrôler	a. l'élection
2. transférer	b. la participation
3. élire	c. la vérification
4. coûter	d. le contrôle
5. conclure	e. le transfert
6. participer	f. le coût
7. opérer	g. la conclusion
8. vérifier	h. l'opération

Exercice 3   Give the word or expression being defined.
1. lieu de résidence
2. ce que quelque chose coûte, le prix
3. somme annuelle qu'une personne ou société reçoit, soit de rente ou de rémunération
4. ce qui appartient à quelqu'un; ce qu'une personne possède
5. prendre part à
6. la quantité, le montant
7. protéger, défendre
8. celui qui possède quelque chose

Exercice 4   Match the word in Column A with its opposite in Column B.

A	B
1. limité	a. le désaccord, le conflit
2. négatif	b. commencer
3. la dette	c. dépendant
4. indépendant	d. le gain
5. l'accord	e. les dépenses
6. conclure	f. illégal
7. légal	g. positif
8. le revenu	h. illimité

Exercice 5   Match the English word or expression in Column A with its French equivalent in Column B.

A	B
1. business world	a. l'actif
2. earnings	b. le passif
3. taxes	c. le monde des affaires (du commerce)
4. assets	d. les bénéfices
5. liabilities	e. la société à but non lucratif
6. corporation	f. le revenu
7. partnership	g. par procuration
8. subsidiary	h. les impôts
9. nonprofit corporation	i. l'associé
10. profits	j. la propriété individuelle

11. certified public accountant
12. to sue, prosecute, take action against
13. by proxy
14. shareholder
15. stock market
16. to render accounts
17. partner
18. private ownership
19. board of directors
20. loss
21. to dissolve
22. right

k. la société anonyme
l. la société collective, l'association
m. rendre comptes
n. dissoudre
o. la filiale
p. le conseil d'administration
q. l'expert-comptable
r. la perte
s. le droit
t. poursuivre
u. l'actionnaire
v. le marché des valeurs

Exercice 6   Select the appropriate word(s) to complete each statement.
1. Les actionnaires vendent et achètent leurs actions _____.
   a. à la société collective   b. au marché de valeurs   c. au tribunal
2. _____ est une entreprise (compagnie) qui a plusieurs propriétaires.
   a. Une société anonyme   b. Un commerce   c. Une société collective
3. Il faut payer des impôts sur _____.
   a. ses actions   b. son revenu   c. ses comptes
4. Les _____ sont le capital et les biens que possède une personne ou société.
   a. actifs   b. actions   c. bénéfices
5. Les dettes sont des _____.
   a. actifs   b. passifs   c. associés
6. Une entreprise paie des impôts sur ses _____.
   a. actions   b. bénéfices   c. pertes
7. Une société collective a au moins deux _____.
   a. associés   b. actionnaires   c. comptables
8. Une organisation de bienfaisance (charité) est une entreprise _____.
   a. individuelle   b. anonyme   c. à but non lucratif
9. Une société anonyme peut _____ au tribunal.
   a. dissoudre   b. poursuivre   c. associer
10. L'Etat perçoit des _____.
    a. bénéfices   b. pertes   c. impôts
11. _____ vérifie les comptes de l'entreprise.
    a. L'expert-comptable   b. Le conseil d'administration
    c. L'associé limité
12. Les actionnaires ont le _____ de voter pour élire les membres du conseil d'administration.
    a. coût   b. compte   c. droit
13. Une _____ n'a qu'un propriétaire.
    a. association   b. propriété individuelle   c. société anonyme

14. Si on ne peut pas assister à la réunion, on peut voter par _____.
    a. élection   b. procuration   c. filiale
15. Une compagnie subsidiaire est _____.
    a. une filiale   b. une association   c. un holding

Exercice 7   Give the word or expression being defined.
1. le contraire de «fonder une société collective»
2. le contraire de «gain»
3. une entreprise dont le but n'est pas de gagner de l'argent
4. le titulaire ou le porteur d'actions
5. une entreprise qui a deux propriétaires ou plus
6. agir en justice contre quelqu'un
7. l'argent qu'on gagne ou perçoit

COMPREHENSION _____

Exercice 1   True or false?
1. Une personne juridique est un homme ou une femme qui a un nom et un domicile.
2. Une entreprise de propriété individuelle est celle dont le propriétaire est une personne physique.
3. Le propriétaire d'une propriété individuelle peut émettre des bons et des actions.
4. Le commerce de propriété individuelle paie des impôts sur ses bénéfices.
5. Une société collective limitée a deux types d'associés.
6. La responsabilité de l'associé général d'une société collective limitée se limite à la somme qu'il a investie dans la société.
7. Une société dont les actionnaires sont uniquement des investisseurs qui n'exercent aucun contrôle sur l'opération de l'entreprise est un holding.
8. Un actionnaire d'une société anonyme ne peut perdre que la valeur de ses actions.
9. Tous les actionnaires, même ceux qui ont très peu d'actions dans une grosse entreprise, exercent beaucoup de contrôle sur l'exploitation de l'entreprise.

Exercice 2   Tell what is being defined.
1. une entreprise dont les propriétaires sont des milliers d'actionnaires
2. un homme ou une femme qui a un nom et un domicile
3. un commerce qui a deux propriétaires ou plus
4. un petit commerce qui n'est pas obligé de rendre ses comptes publics
5. une entreprise dont le but est la maximisation de valeur
6. une compagnie dont les actions appartiennent à une autre compagnie qui exerce le contrôle sur son exploitation

Exercice 3   Answer.

1. Qui peut être une personne juridique?
2. Quel est un grand avantage pour le propriétaire d'une propriété individuelle?
3. Entre qui les bénéfices d'une association collective sont-ils partagés?
4. Quelle responsabilité a chaque associé d'une société collective générale?
5. Quels sont les avantages d'une société collective?
6. Combien de fois par an les sociétés anonymes ont-elles une réunion des actionnaires?
7. Que font les actionnaires pendant cette réunion?

Chapitre 13
LES IMPOTS

Pour mener à bien[1] les activités du secteur public—l'éducation, la défense nationale, la Sécurité Sociale, les autoroutes, etc.— l'Etat a besoin de fonds. Ce sont principalement les impôts qui rapportent des fonds à l'Etat. Aux Etats-Unis, le gouvernement fédéral, les états et les municipalités dépendent des impôts. Les impôts sur les revenus personnels sont la plus grande source d'impôts pour le gouvernement fédéral. Les impôts sur les ventes et les revenus personnels sont la principale source d'impôts pour les états et les impôts sur les biens immobiliers sont la plus grande source pour les gouvernements municipaux et locaux. Une source importante aussi bien pour le gouvernement fédéral que pour les gouvernements des états est les impôts prélevés sur les revenus des sociétés. Ils représentent pratiquement 10% des impôts fédéraux et 5% des impôts des états.

Les revenus imposables d'une société Les revenus imposables d'une société sont de deux sortes: le revenu qui provient de la vente des actifs et le revenu ordinaire. Le gain ou la perte par la vente des actifs est la différence entre le coût original d'un actif financier et le prix de vente. Si le prix de vente est supérieur, il y a un gain de capital. S'il est inférieur, il y a une perte de capital.

L'amortissement et déductions L'amortissement[2] économique est la diminution de la valeur de marché d'un actif pendant une période de temps, un an par exemple. L'amortissement a un effet sur les impôts. Par exemple, l'équipement d'une usine et les bâtiments perdent de leur valeur ou deviennent dépassés[3] et doivent être remplacés.

Une entreprise peut déduire de ses revenus les coûts du matériel, de la main-d'œuvre et autres coûts de ce genre quand elle paie ses impôts. Si une entreprise achète une machine pour 50 000 $, elle ne peut pas déduire ce montant l'année de l'achat, mais elle peut le faire petit à petit sur une période de plusieurs années. Récemment le gouvernement fédéral a introduit le terme de «récupération de coût» pour remplacer «amortissement». La longévité de certains actifs est:

les voitures et les camionnettes	4–5 ans
l'équipement technologique	
les meubles[4] de bureau	10–16 ans
l'équipement agricole	
les maisons et les immeubles[5]	27 1/2 ans
les propriétés non résidentielles	37 1/2 ans

---

[1]*carry out* [2]*Note that **amortissement** means both "depreciation" and "amortization."*
[3]*obsolete* [4]*furniture* [5]*apartment building*

Le revenu ordinaire et la plus-value Si l'amortissement d'un équipement qui a coûté 50 000 $ est de 20 000 $ au bout de trois ans, sa valeur est alors de 30 000 $. Si cet équipement se vend pour 40 000 $, tout le gain, c'est-à-dire la différence entre la valeur actuelle (30 000 $) et le prix de vente (40 000 $), est le revenu ordinaire (10 000 $). Si le même équipement se vend plus cher que son prix original de 50 000 $, disons 60 000 $, la différence entre la valeur actuelle (30 000 $) et le coût original (50 000 $) est le revenu ordinaire (20 000 $). La différence entre le coût original (50 000 $) et le prix de vente (60 000 $) est la plus-value (10 000 $). L'importance de la différence entre le revenu ordinaire et la plus-value est la différence entre les taux d'imposition. Les revenus ordinaires sont imposés à un taux de 39% et les plus-values à 34% pour certaines catégories d'entreprises, celles dont le revenu imposable est entre 100 000 $ et 335 000 $. (Ces taux d'imposition varient d'une année à l'autre selon les réglements de l'IRS.)

Au cas où l'on vend un actif dépréciable à un prix plus bas que celui de sa valeur actuelle, la différence est considérée comme une perte ordinaire et se déduit des revenus ordinaires imposables.

Les actionnaires doivent payer des impôts sur les dividendes qu'ils reçoivent. Les dividendes sont imposés aux mêmes taux que les plus-values. Les impôts sur les dividendes sont payés l'année où les dividendes ont été distribués. Les impôts sur les plus-values sont payés seulement quand les actions sont vendues. Les sociétés paient des intérêts aux porteurs de leurs titres, aux banques et autres institutions qui leur ont prêté de l'argent. Ces intérêts peuvent être déduits des revenus ordinaires. Par contre, les dividendes payés aux actionnaires ne peuvent pas être déduits, bien que les actionnaires paient des impôts sur les dividendes qu'ils reçoivent. Cela affecte la façon dont les entreprises gèrent leur capital. Elles retiennent une partie du salaire de leurs employés pour le paiement de l'impôt sur le revenu. Elles doivent aussi payer l'impôt sur les sociétés à l'avance. L'entreprise calcule son revenu pour l'année en se basant sur l'année précédante et paie ses impôts par trimestre, les 15 avril, juin, septembre et décembre. S'il y a une différence entre les deux années, l'entreprise paie cette différence le 15 mars de l'année suivante. Si l'entreprise ne paie pas en plusieurs versements, elle s'expose à une pénalité.

Comme la situation financière d'une entreprise varie considérablement d'une année à l'autre, le gouvernement permet que les dettes restent actives pendant 18 ans. Ainsi, s'il y a une perte de 1 000 $ une année et l'année suivante il y a un gain de 1 000 $, les deux s'annulent et il n'y a pas d'impôts à payer. Tous les ans, on calcule la moyenne du profit et c'est sur cette moyenne que l'on paie des impôts.

Les impôts sur les revenus personnels Aux Etats-Unis, chaque résident doit payer un impôt sur ses revenus personnels. Les revenus personnels ne se limitent pas aux salaires ou autres rétributions de travail. Ils incluent aussi les pourboires[6] (très importants dans le cas des serveurs, des chauffeurs de taxi, etc.) et les revenus qui se reçoivent sous forme d'intérêts (titres, bons du Trésor, etc.), les rentes, les cadeaux au-dessus d'une certaine somme, les pensions de divorce. Tout s'ajoute pour donner le revenu total imposable de l'individu.

---

[6]*tips*

Le revenu brut imposable Ensuite, pour calculer le revenu brut imposable, on peut déduire les suivants: les frais de déplacement[7] si le contribuable doit se déplacer pour son travail, les pensions de divorce, les contributions à un compte individuel de retraite. On ajoute tous ces ajustements et ce qui reste est le montant du revenu brut imposable.

De ce revenu brut, on déduit les exemptions personnelles et les déductions. Aux Etats-Unis l'exemption personnelle est de 2 150 $ par contribuable et 2 150 $ par personne à charge. Si le contribuable est aveugle[8] ou s'il a plus de 65 ans, le gouvernement lui permet de déduire 2 150 $ supplémentaires.

Les déductions peuvent être détaillées ou on peut prendre la déduction standard. Parmi les déductions détaillées, il y a les intérêts payés sur les hypothèques[9], les contributions aux œuvres de charité et autres.

Ce qui reste après que toutes les exemptions et les déductions ont été faites est le revenu imposable sur lequel on calcule le montant de l'impôt à payer. Le taux d'imposition dépend du revenu du contribuable. Le taux d'imposition varie d'une année à l'autre selon les règlements de IRS.

---

[7]*moving expenses*   [8]*blind*   [9]*mortgages*

ETUDE DE MOTS

Exercice 1   Study the following cognates that appear in this chapter.

le secteur	l'intérêt	local
l'éducation	la banque	principal
la défense	l'institution	original
la Sécurité Sociale	le capital	supérieur
les fonds	le salaire	inférieur
le gouvernement	l'employé	dépréciable
l'état	le paiement	personnel
la municipalité	le revenu	standard
la source	la situation	
le coût	la dette	dépendre
la différence	la rétribution	remplacer
la diminution	l'exemption	déduire
la période	la déduction	distribuer
l'effet		retenir
l'équipement	public	calculer
le matériel	national	financer
la catégorie	fédéral	varier
le dividende	municipal	inclure

Exercice 2   Match the expression in Column A with a related term in Column B.

A	B
1. les écoles	a. municipal
2. l'armée, la marine	b. déduire
3. de la ville ou municipalité	c. le matériel
4. une diminution de la valeur	d. le dividende
5. soustraire d'une somme	e. l'éducation
6. l'équipement dont on a besoin	f. l'amortissement
pour fabriquer quelque chose	g. la défense nationale
7. ce que paient les actions et	h. le capital
autres types d'investissements	
8. la totalité des fonds et biens	
qu'a un individu ou une société	

Exercice 3   Complete each expression with the appropriate word(s).

1. public sector   le secteur _____
2. national defense   la défense _____
3. Social Security   la Sécurité _____
4. federal government   le gouvernement _____
5. municipal government   le _____ municipal
6. principal source of income la _____ principale de
                              revenu
7. original cost   le coût _____
8. a period of time   une _____ de temps
9. financial situation   la _____ financière
10. standard deduction   la _____ standard
11. personal exemption   l'_____ personnelle

Exercice 4   Complete each statement with the appropriate word(s).
1. La _____ est une institution financière.
2. Une société a le droit de _____ une partie du salaire des employés pour payer les impôts au gouvernement.
3. _____ travaille pour l'entreprise et reçoit un _____ pour son travail.
4. Les actions paient des dividendes et les titres (bons) et beaucoup de comptes de banque paient des _____.
5. L'argent qu'on doit à quelqu'un d'autre est une _____.
6. La _____ entre le coût et le prix de vente est le bénéfice (profit).

Exercice 5   Match the English word or expression in Column A with its French equivalent in Column B.

A	B
1. personal income tax	a. le trimestre
2. sales tax	b. le revenu brut

3. property (real estate) tax   c. les déductions détaillées
4. corporate taxes   d. le taux d'imposition
5. taxable income   e. prélever
6. taxpayer   f. la personne à charge
7. dependent   g. le revenu imposable
8. to take from, withhold   h. les impôts sur les sociétés
9. tax rate   i. le contribuable
10. itemized deductions   j. les impôts sur les biens immobiliers
11. gross income   k. les impôts sur les ventes
12. quarter   l. les impôts sur les revenus
                                        personnels

Exercice 6   Give the word or expression being defined.
1. période de trois mois
2. la personne qui paie des impôts
3. celui dont le maintien est la responsabilité de quelqu'un d'autre
4. le revenu total avant les déductions ou les coûts
5. prendre une certaine somme sur un total
6. les impôts que les sociétés paient
7. les impôts qu'un individu paie
8. les impôts sur la maison
9. les impôts qu'on paie quand on fait un achat
10. le revenu sur lequel on est obligé de payer des impôts

Exercice 7   Match the English word or expression in Column A with its
French equivalent in Column B.
           A   **B**
1. gain   a. le montant
2. loss   b. la plus-value
3. sales price   c. le compte individuel de retraite
4. market value   d. le gain
5. total amount, sum   e. la perte
6. cost recovery   f. la récupération de coût
7. capital gain   g. prêter
8. to lend   h. la valeur de marché
9. individual retirement account   i. le prix de vente

Exercice 8   Give the word or expression being defined.
1. un compte *IRA* dans une banque des Etats-Unis
2. le contraire de «perte»
3. la différence entre le coût original et le prix de vente quand celui-ci est
   supérieur
4. la différence entre le coût original et le prix de vente quand celui-ci est
   inférieur
5. ce que quelque chose vaut maintenant, le prix auquel on pourrait le vendre

6. donner une quantité d'argent à quelqu'un pour une période de temps
7. le total d'un compte
8. l'action de récupérer l'argent qu'on a payé ou dépensé pour quelque chose
9. le prix auquel on vend quelque chose

COMPREHENSION

Exercice 1   True or false?
1. Les impôts sur les revenus personnels sont la principale source de fonds pour le gouvernement fédéral.
2. Les impôts sur les biens immobiliers sont la principale source de fonds pour le gouvernement de l'état.
3. Les sociétés peuvent déduire de leurs revenus les coûts du matériel, de la main-d'œuvre et d'autres coûts de ce genre encourus pour la production des biens ou des services.
4. Une société peut déduire le prix total d'une machine l'année même de l'achat.
5. Les dividendes que les actionnaires reçoivent ne sont pas imposables.
6. La société peut déduire de ses revenus les intérêts qu'elle paie aux porteurs de leurs titres.
7. La société peut déduire les dividendes qu'elle paie aux actionnaires.
8. Il faut que les entreprises commerciales paient des impôts sur les sociétés à l'avance.

Exercice 2   Answer.
1. Pourquoi l'Etat a-t-il besoin de fonds?
2. Comment le gouvernement reçoit-il les fonds?
3. Qu'est-ce qui représente à peu près 10% des impôts fédéraux?
4. Qu'est-ce que l'amortissement?
5. Pourquoi la différence entre le revenu ordinaire et la plus-value est-elle importante?
6. Que paient les sociétés aux titulaires (porteurs) de leurs bons (titres)?
7. Pourquoi les sociétés retiennent-elles une partie des salaires de leurs employés?
8. Comment les sociétés paient-elles (contribuent-elles) leurs impôts?
9. Quelle est la différence entre le revenu brut et le revenu imposable?

Exercice 3   Follow the directions.
1. Faites une liste des choses imposables.
2. Faites une liste des choses qu'on peut déduire des impôts.

Chapitre 14
L'INTERET COMPOSE

Un dollar, c'est un dollar. En fait, ce n'est pas le cas. Un dollar aujourd'hui, placé dans un compte d'épargne, sera 1,05 $ dans un an. L'argent a une valeur temporaire qui change avec le temps. Quand on achète un actif financier, le bénéfice que l'on achète est un futur cash flow; ce sont, par exemple, les intérêts et les dividendes. Les acheteurs et les vendeurs sur les marchés de valeurs déterminent le prix d'une valeur. Le prix est le maximum que les acheteurs sont prêts à payer pour le futur cash flow que cela rapportera.

La valeur actuelle et future Le concept de la valeur actuelle et de la valeur future est très important. La valeur actuelle est la valeur de l'argent à un moment donné qui sera payé ou perçu à une certaine date dans le futur. La valeur future est la valeur de l'argent qui a été perçu dans le passé à une date future.

Exemple: Supposons que pour les prochaines vacances, vous ayez besoin de 1 200 $. La banque vous donne un taux d'intérêt de 5%. Combien faut-il verser à la banque maintenant pour avoir 1 200 $ l'année prochaine?

Si F = valeur future
P = valeur présente
i = taux d'intérêt,
donc P = F/1 (année) + i.
Si P = 1 200 $/1.05
donc P = 1 142,86 $.

La valeur présente de 1 200 $ qui sera perçue dans un an avec un taux d'intérêt de 5% est 1 142,86 $. Le calcul est simple parce que c'est pour un an. S'il s'agit de plus d'un an et si l'intérêt est composé, c'est beaucoup plus compliqué. La formule pour calculer l'intérêt composé est $F = P (1 + 1i)^n$, n représentant le nombre de périodes de temps. Autrement dit:

P = la valeur présente
F = la valeur future
i = le taux d'intérêt
n = le nombre de périodes de temps

L'intérêt composé L'intérêt composé est simplement l'intérêt payé sur les intérêts. Par exemple, si on investit 1,00 $ à 10% d'intérêt composé, la valeur après

une période de temps (n)	est de	1,10 $
deux périodes		1,21 $
trois périodes		1,33 $
quatre périodes		1,46 $

Si au lieu d'investir 1,00 $, on investit 1 000,00 $, la valeur après

une période de temps (n)	est de	1 100,00 $
deux périodes		1 210,00 $
trois périodes		1 331,00 $
quatre périodes		1 464,10 $

Avec un taux d'intérêt composé de 6% par an, un investissement double pratiquement de valeur en 12 ans. Pour calculer le temps nécessaire pour doubler le montant on utilise la règle de 72. Divisez 72 par le taux d'intérêt composé et vous aurez le nombre (approximatif) d'années qu'il faudra pour doubler l'investissement. Par exemple, pour un taux d'intérêt de 6%, $72 \div 6 = 12$ (ans).

Les annuités Les annuités sont des paiements réguliers en quantités égales. Les annuités les plus communes sont les paiements que versent à la banque les propriétaires d'une maison qui ont une hypothèque. Ils paient le même montant chaque mois pendant 20 ou 30 ans. Dans le cas d'une hypothèque, on calcule les intérêts composés, plus les paiements pour s'acquitter de la dette. Bien que le montant des paiements soit le même durant la totalité de la période, la portion allouée aux intérêts et celle allouée à la dette elle-même varient. La portion allouée aux intérêts diminue à chaque fois, alors que celle allouée au paiement de la dette augmente.

Il y a une série de formules pour calculer les valeurs présentes et futures selon les taux d'intérêts et les périodes de temps.

Il est important de savoir que les taux d'intérêt donnent à l'argent sa valeur temporelle. Il est important de connaître la valeur présente et la valeur future de l'argent quand on investit pour recevoir de l'argent liquide dans l'avenir, et quand on emprunte, le coût de moins d'argent liquide à l'avenir.

Puisque la marge d'autofinancement ou cash flow d'une entreprise est d'importance primordiale, les valeurs présentes et futures de l'argent le sont aussi. Si les clients ont 6 mois de retard pour payer les 1 000,00 $ qu'ils doivent, l'entreprise perd 50,00 $ parce que ces 1 000,00 $ investis à 10% deviennent 1 050,00 $ en 6 mois. Si l'entreprise calcule bien la valeur future de ses investissements, elle peut connaître l'état futur de son flux financier.

ETUDE DE MOTS

Exercice 1   Study the following cognates that appear in this chapter.

le dollar	l'annuité	simple
le cash flow	le paiement	compliqué
les intérêts	la dette	approximatif
les dividendes	la totalité	
le maximum	la période	investir
le concept	la portion	varier
le calcul	la série	diminuer
la formule	le double	augmenter
le nombre		

Exercice 2   Complete each statement with the appropriate word(s).

1. Un moment. Il faut que je fasse des _____. Un dollar à un taux d'intérêt de 10% pour une période de deux ans… ça fait un dollar vingt et un.
2. A un taux d'intérêt de 6% un investissement vaudra le _____ dans douze ans.
3. Une _____ de 12 mois est un an.
4. Un compte de banque paie des _____ et les actions d'une société anonyme paie des _____.
5. C'est le _____ qu'il paiera. Je t'assure qu'il ne te donnera un sou (centime) de plus.
6. A ce moment le _____ canadien a une valeur inférieure à celle du dollar des Etats-Unis.

Exercice 3   Give the word or expression being defined.

1. l'argent que l'on doit, un passif
2. à peu près
3. rendre plus grand
4. rendre plus bas, baisser
5. la quantité, le chiffre
6. l'idée
7. la monnaie des Etats-Unis
8. la partie
9. le total, l'ensemble
10. deux fois

Exercice 4   Match the English word or expression in Column A with its French equivalent in Column B.

A	B
1. time value	a. le flux monétaire
2. present value	b. l'investissement
3. future value	c. la valeur temporaire
4. cash flow	d. le compte d'épargne
5. compound interest	e. l'annuité

6. interest rate
7. investment
8. to borrow
9. annual payment
10. to invest, put in money
11. savings account
12. to return
13. to allocate
14. to pay (debts)

f. la valeur actuelle (présente)
g. la valeur future
h. s'acquitter
i. l'intérêt composé
j. allouer
k. placer
l. rapporter
m. le taux d'intérêt
n. emprunter

Exercice 5   Give the word or expression being defined.
1. ce que vaut un investissement aujourd'hui qui rapportera plus d'argent à une date ultérieure (future)
2. la valeur d'un investissement à la date d'échéance
3. le pourcentage que l'investissement paie sur le montant placé
4. un compte de banque dans lequel on peut verser ses économies et qui rapportera des intérêts
5. le paiement annuel
6. investir son argent
7. le cash flow
8. les intérêts payés sur des intérêts
9. le contraire de «prêter»
10. payer une dette
11. accorder ou attribuer une quantité d'argent

COMPREHENSION

Exercice 1   Answer.
1. Est-il toujours vrai qu'un dollar, c'est un dollar?
2. Pourquoi pas?
3. Qui détermine le prix d'une valeur?
4. Qu'est-ce que le prix?
5. Pourquoi l'argent a-t-il une valeur temporelle?
6. Qu'est-ce que l'intérêt composé?
7. Qu'est-ce que la règle de 72?
8. Qu'est-ce qu'une annuité?
9. Que sont les annuités les plus communes?
10. Si l'hypothèque est assez récente (nouvelle), la portion de l'annuité allouée à l'acquittement de la dette est grande ou petite?

Exercice 2   Explain the following in your own words.
1. la valeur présente ou actuelle de l'argent
2. la valeur future de l'argent
3. l'intérêt composé

Chapitre 15
LES PLANS D'INVESTISSEMENT

Les actifs de capital

Les actifs de capital sont les machines, les usines, les moyens de transport—les camions, par exemple—et tout autre équipement qu'emploient les usines pour la production de biens et de services qui, en général, dure et est utilisé pendant de nombreuses années. Aux Etats-Unis, les entreprises investissent annuellement quelques 300 milliards de dollars en actifs de capital. Puisque les dépenses que représentent les actifs de capital sont si énormes, les entreprises planifient et évaluent avec beaucoup de soin les actifs de capital qu'elles vont acquérir.

La procédure de choix d'investissement

La procédure de choix d'investissement *(capital budgeting)* a pour but de déterminer quels actifs de capital on va acquérir et de trouver des sources de financement.

Les plans d'investissement que préparent les entreprises sont à court terme et à long terme. De nombreuses entreprises préparent des plans d'investissement portant sur cinq ou dix ans. Ces plans sont basés sur les prévisions de ventes et sur l'équipement et l'usine nécessaire pour satisfaire cette demande.

La planification

Dans les plans d'investissement apparaissent toutes les requêtes des gestionnaires ou directeurs de départements ou services. Ces plans, avec documentation à l'appui, sont ensuite présentés à la direction générale qui, elle aussi, propose des projets. Lorsqu'il s'agit de nouveaux projets, ces plans d'investissement donnent souvent lieu à de vives discussions entre la direction générale et celle des divers départements ou services qui ont d'habitude la responsabilité des nouveaux projets. Les systèmes par lesquels le choix des investissements est fait par la direction s'appellent les systèmes «top-down» ou «du haut vers le bas». Les systèmes par lesquels les plans ont leurs origines dans les différents départements ou services s'appellent «bottom-up» ou «du bas vers le haut». Il faut noter que beaucoup d'entreprises ne soumettent pas les plans d'investissement à la direction générale quand il s'agit de dépenses inférieures à une certaine limite pour les actifs de capital, par exemple, 50 000 $.

Le plan d'investissement doit être constamment révisé parce que les conditions économiques changent. Les données recueillies par l'entreprise sur les nouvelles technologies, les variations de l'offre et de la demande, les coûts de production, entraînent aussi des modifications dans les stratégies d'investissement et, par conséquent, dans la planification d'investissement à court terme et à long terme.

Le flux financier

Comment le choix se fait-il? Quels sont les critères utilisés? Les recettes et les dépenses engendrées par un projet contribuent au flux financier. Le flux financier est l'argent que paie ou reçoit l'entreprise comme résultat du projet. Puisque le flux financier d'un projet est le changement du flux financier total de l'entreprise qui a fait l'investissement, une méthode pour calculer le flux financier d'un investissement est de comparer le flux financier de l'entreprise avec et sans cet investissement. La différence entre les deux est le flux financier supplémentaire qui provient de cet investissement.

Il y a trois stades[1] à suivre pour déterminer le flux financier d'une entreprise: (1) déterminer le changement du flux financier de l'entreprise; (2) établir le montant du flux financier et la date à laquelle il a été calculé; (3) analyser le flux financier selon la valeur présente nette (VPN) ou le taux de rentabilité.

La valeur présente du flux financier est la valeur actuelle en dollars. On emploie le principe de l'escompte des dollars futurs en tenant compte du taux d'intérêt ou d'escompte approprié. Ce taux d'intérêt ou d'escompte est le coût de capital.

La règle de la valeur présente dicte qu'il ne faut investir que si la valeur présente du flux financier futur est supérieure au coût de l'investissement. C'est-à-dire que l'on a une valeur présente nette. La valeur présente nette est la valeur présente du flux financier futur moins le coût initial. Quand on doit choisir entre deux alternatives, la règle de la valeur présente nette indique que le choix doit porter sur la VPN la plus élevée, et seulement quand cette VPN est positive.

Le taux de rentabilité interne

On peut également analyser le flux financier à l'aide du taux de rentabilité interne (TRI). Le taux de rentabilité interne, c'est le taux d'intérêt qui, si le capital avait été investi à ce taux, produirait la même rentabilité finale. C'est-à-dire, à la fin du projet, on obtient la même rentabilité que si le capital avait été placé dans une banque au taux donné. Alors pour sélectionner les projets, il suffit de prendre ceux dont le TRI est supérieur au coût du financement.

La période de remboursement

Mais la rentabilité n'est pas le seul critère à considérer. Il faut rentrer dans ses fonds le plus vite possible. Pour cela, on utilise un critère appelé «période de remboursement» ou *payback* qui est la période au bout de laquelle la somme totale des flux financiers provenant du projet est égale à l'investissement initial. C'est une méthode facile à utiliser, mais qui présente certains inconvénients. Elle ne tient pas compte de tous les flux financiers ni de l'escompte.

---

[1]*steps, stages*

Une autre méthode est celle du taux de rentabilité moyen (en anglais, *return on investment* ou *ROI*). Tous les ans, on peut calculer la contribution d'un projet au résultat net de l'entreprise par le ratio

$$\frac{\text{bénéfice net}}{\text{investissement net}}$$

Comme on fait ce calcul pour toute la durée de l'investissement, on peut faire la moyenne et obtenir le taux moyen de rentabilité. Cette méthode a l'inconvénient de ne pas tenir compte des fluctuations monétaires à travers le temps.

Le risque

Dans une économie dynamique, il existe toujours une certaine part d'incertitude en ce qui concerne l'avenir. Les investisseurs doivent accepter ce risque. Les revenus ou bénéfices sont, d'une certaine façon, le prix qu'ils reçoivent pour avoir assumé ce risque.

On peut s'assurer contre tous les risques: les incendies, les inondations, les accidents, etc. Mais il y a d'autres risques, ceux qui résultent des variations incontrôlables de l'offre et la demande, ceux contre lesquels on ne peut pas s'assurer. De nombreux risques accompagnent les variations des cycles économique et commercial. La prospérité apporte des bénéfices aux entreprises et la crise cause des pertes importantes. Mais même en période de prospérité, il y a des changements qui surviennent dans la disponibilité des ressources, dans les goûts des consommateurs et dans la politique fiscale et qui affectent les entreprises.

Les bénéfices et les pertes sont liés aux risques qui proviennent des changements dans les cycles et structures de l'économie.

ETUDE DE MOTS

Exercice 1 Study the following cognates that appear in this chapter.

l'équipement	la stratégie	investir
la procédure	le critère	planifier
la source	le ratio	évaluer
le financement	la raison	acquérir
la documentation	la variation	déterminer
le système bottom-up	la prospérité	réviser
le système top-down	la crise	calculer
le coût		analyser
la production	positif	
la modification	incontrôlable	

Exercice 2   Give the word or expression being defined.
1. du haut vers le bas
2. du bas vers le haut
3. l'origine
4. faire des projets
5. placer de l'argent
6. modifier et changer
7. ce qu'il faut payer
8. le contraire de «crise économique»
9. un changement mais pas radical
10. étudier d'une façon détaillée
11. la méthode utilisée
12. ensemble de renseignements et données
13. déterminer la valeur ou l'importance
14. faire une opération arithmétique, évaluer d'une manière précise

Exercice 3   Match the English word or expression in Column A with its French equivalent in Column B.

A	B
1. capital assets	a. le taux de rentabilité
2. capital budget	b. la valeur temporaire de l'argent
3. capital budgeting	c. le taux moyen de rentabilité
4. cash flow	d. les recettes et les dépenses
5. present net value	e. les recettes
6. interest rate	f. le seuil de rentabilité, le niveau d'équilibre
7. discount	g. la période de remboursement
8. (internal) rate of return	h. l'investissement original
9. cost of capital	i. le coût de capital
10. initial investment	j. le taux de rentabilité (interne)
11. payback period	k. l'escompte
12. breakeven point	l. le taux d'intérêt
13. income, receipts	m. la valeur présente nette
14. receipts and expenses	n. le flux financier (monétaire)
15. return on investment	o. le plan d'investissement
16. time value of money	p. la procédure de choix d'investissement
17. rate of return	q. les actifs de capital

Exercice 4   Select the appropriate word(s) to complete each statement.
1. Les machines, les usines et les moyens de transport que possède l'entreprise sont des _____.
   a. coûts   b. dépenses   c. actifs de capital

2. La période de temps nécessaire pour récupérer les coûts de l'investissement fait pour la production d'un bien est _____.
   a. la valeur présente b. le taux moyen de rentabilité
   c. la période de remboursement
3. Ce qu'on prépare pour planifier et évaluer les actifs de capital d'une entreprise s'appelle _____.
   a. l'escompte b. le plan (budget) d'investissement
   c. le coût de capital
4. Les _____ sont l'argent que l'entreprise perçoit.
   a. recettes b. dépenses c. valeurs
5. Le nombre d'unités d'un produit qu'il faut vendre pour récupérer le coût de l'investissement est _____.
   a. l'investissement initial b. la période de remboursement
   c. le seuil de rentabilité ou le niveau d'équilibre
6. Les _____ sont l'argent que l'établissement commercial reçoit.
   a. recettes b. investissements c. dépenses
7. L'argent qu'il faut payer pour acheter des matériels, etc., sont les

   _____.
   a. recettes b. investissements c. dépenses
8. Ce que l'argent ou l'investissement vaut aujourd'hui est _____.
   a. le capital b. la valeur présente (actuelle) c. l'escompte
9. _____ indique combien on peut recevoir de ses investissements ou combien on doit payer pour des emprunts.
   a. Le taux d'intérêt b. L'escompte c. Le taux de rentabilité
10. A cause des intérêts, des dividendes, des escomptes, etc., l'argent a

    _____.
    a. un flux financier b. une valeur temporelle
    c. une période de remboursement

Exercice 5 Match the English word or expression in Column A with its French equivalent in Column B.

A	B
1. equipment	a. l'offre et la demande
2. sale	b. le cycle commercial
3. production cost	c. la prévision des ventes
4. availability	d. le coût de production
5. fiscal policy	e. la production des biens et services
6. supporting documents	f. à long terme
7. business cycle	g. l'équipement
8. supply and demand	h. à court terme
9. collected data	i. la vente
10. manager	j. le but
11. sales forecast	k. la disponibilité
12. long-term	l. la politique fiscale

13. short-term
14. goal
15. production of goods and
    services

m. les données recueillies
n. le gestionnaire
o. la documentation à l'appui

Exercice 6   Give the word or expression being defined.
1. la façon d'utiliser l'argent
2. la quantité qu'on pense ou espère vendre
3. le directeur, l'administrateur
4. l'objectif
5. ce que les entreprises produisent par rapport à ce que le marché désire
6. pour une période de peu de temps
7. les données qui soutiennent la validité de la proposition
8. les renseignements qu'on a reçus (trouvés)
9. les dépenses qu'il faut encourir pour produire quelque chose
10. les machines, etc.

COMPREHENSION

Exercice 1   True or false?
1. Les entreprises investissent très peu d'argent dans des actifs de capital.
2. Les plans d'investissement que préparent les entreprises sont presque toujours à court terme.
3. Seule la direction générale d'une entreprise prépare le plan d'investissement.
4. Avant de prendre une décision sur l'investissement nécessaire pour commencer la production d'un nouveau projet, la direction compare le flux financier sans et avec l'investissement.
5. On ne doit faire un investissement que si la valeur présente du flux financier futur est supérieure au coût de l'investissement.

Exercice 2   Answer.
1. Expliquez ce que sont les actifs de capital.
2. Sur quoi les plans d'investissement portant sur cinq ou dix ans (à long terme) sont-ils basés?
3. Qui propose les projets qui se trouvent sur le plan d'investissement?
4. Pourquoi faut-il réviser souvent la procédure de choix d'investissement?
5. Quelle est la valeur présente du flux financier?
6. Pourquoi existe-t-il toujours des risques dans n'importe quel investissement?

Exercice 3   Explain the following terms.
1. le système budgétaire bottom-up
2. le système top-down
3. le coût de capital
4. TRI
5. VPN

Chapitre 16
LES ETATS FINANCIERS

Une entreprise bien gérée se sert de tous les renseignements nécessaires. Les états financiers sont très importants car ils indiquent à un moment donné la situation financière de l'entreprise. Sans ces renseignements, aucune planification n'est possible.

Le bilan

Le format du bilan d'une entreprise aux Etats-Unis (qui n'est pas toujours le cas en France) est le suivant: Les actifs sont classés par ordre de liquidité croissante[1]. En haut viennent les actifs qui peuvent être convertis en liquide le plus rapidement, en moins d'un an. Ce sont les actifs circulants ou réalisables. Les actifs qui ne peuvent pas être convertis au moins d'un an sont les actifs immobilisés (les immobilisations)—l'installation, l'équipement, etc. Ils viennent en bas du bilan.

Le passif du bilan se présente de la même façon. En haut viennent les titres (bons) qui ont une date d'échéance proche et donc doivent être payés dans très peu de temps. Ce sont les passifs circulants ou exigibles. Plus bas viennent les capitaux propres apportés par les actionnaires ainsi que les bénéfices (gains) non distribués.

CHAILLOT, S.A.
Bilan
Exercice 31 decembre 1992

Actif

Espèces (Liquide)		52 000 F
Valeurs (Titres) négociables		175 000 F
Effets à recevoir (Valeurs réalisables)		250 000 F
Stock (Inventaire)		355 000 F
Total Actif réalisable (circulant)		832 000 F
Installation et équipement, brut	1 610 000 F	
Moins amortissement	400 000 F	
Installation et équipement, net		1 210 000 F
Total Actif		2 042 000 F

Passif

Effets à payer (exigibles), frais à payer		87 000 F
Bons (Titres) à payer à 10%		110 000 F

---

[1] *increasing*

Passif accru		10 000 F
Impôts à payer		324 300 F
Bons à payer à 12%		110 000 F
Total Passif exigible		342 000 F
Hypothèque à 8%		520 000 F
Dettes à long terme à 10%		200 000 F
Capital propre (200 000 actions)	600 000 F	
Bénéfices (Gains) non distribués	380 000 F	
Total Capital		980 000 F
Total Passif		2 042 000 F

L'état des résultats

L'autre état financier d'importance primordiale est l'état des résultats. En haut se présentent les ventes. Des ventes on déduit tous les frais encourus et tous les impôts pour déterminer le revenu net disponible pour les actionnaires ordinaires. En bas se présente le bénéfice par action, qui est le revenu net divisé par le nombre d'actions ordinaires en circulation.

CHAILLOT, S.A.
Etat des résultats pour 1992

Ventes		4 000 000 F
Coût des marchandises vendues		2 555 000 F
Bénéfice brut		445 000 F
Moins frais d'exploitation		
Frais de ventes	22 000 F	
Frais généraux et de gestion	40 000 F	
Loyer (Location)	28 000 F	90 000 F
Revenu d'exploitation brut		355 000 F
Amortissement		100 000 F
Revenu d'exploitation net		255 000 F
Autre revenu et frais moins intérêts		15 000 F
Moins frais d'intérêts		
Intérêt sur obligations	10 000 F	
Intéret sur hypothèque	40 000 F	
Intérêt sur dettes à court terme	20 000 F	70 000 F
Revenu net avant impôt		200 000 F
Impôt (40%)		80 000 F
Revenu net après impôt		
(revenu disponible pour les actionnaires ordinaires)		120 000 F
Bénéfice par action		0.60 F

Une entreprise peut utiliser ses bénéfices de deux manières. Elle peut les distribuer sous forme de dividendes aux actionnaires ou elle peut les réinvestir. Pour l'actionnaire le dividende est de l'argent qu'il reçoit et qu'il peut utiliser. Mais le réinvestissement entraîne une augmentation de la puissance de l'actionnaire dans l'entreprise.

L'état des bénéfices non distribués

L'effet sur le bilan des dividendes et des bénéfices (gains) non distribués se présente dans un autre état qui s'appelle l'état des bénéfices non distribués. Cet état indique le solde des bénéfices non distribués depuis la création de l'entreprise plus le revenu net de l'exercice actuel moins les dividendes payés en espèces aux actionnaires pendant le même exercice. (Voir La Comptabilité, pages 69-160.)

Les ratios financiers

Les gens qui analysent la situation financière d'une entreprise le font selon leurs intérêts. Les créanciers à court terme s'intéressent à la liquidité de l'entreprise et à sa rentabilité à court terme. Les actionnaires qui possèdent les titres à long terme s'intéressent à l'avenir de l'entreprise aussi bien qu'à sa situation présente.

Ratios de liquidité Ils évaluent la possibilité qu'a l'entreprise à satisfaire ses obligations à court terme.

Ratios de levier Ils évaluent la possibilité qu'a l'entreprise à satisfaire ses obligations à court et à long terme, c'est-à-dire l'évaluation de toutes ses dettes.

Ratios d'activité Ils évaluent l'intensité avec laquelle l'entreprise utilise ses ressources.

Ratios de rentabilité Ils évaluent le rendement obtenu par les rentes (revenus) et les investissements.

Ratios de croissance Ils évaluent la possibilité qu'a l'entreprise de maintenir sa position économique par rapport à la croissance de l'économie et de l'industrie en général.

Les ratios sont une manière rapide et facile de fournir des renseignements importants sur les opérations et la situation financière d'une entreprise. Les créanciers veulent savoir comment une entreprise peut payer ses dettes. Le gouvernement s'intéresse aux ratios d'industries telles que les chemins de fer et autres industries réglementées par le gouvernement pour déterminer leur santé économique et fixer les prix qu'elles pourront demander (faire payer). La direction de l'entreprise se sert des ratios pour prendre toutes sortes de décisions.

ETUDE DE MOTS

Exercice 1   Study the following cognates that appear in this chapter.

la situation	la possibilité	accru
la planification	l'intensité	de base
l'équipement	les ressources	encouru
la déduction	le gouvernement	net
la dette	le format	total
la manière	l'inventaire	
le dividende	le stock	convertir
le réinvestissement	la circulation	déduire
l'augmentation		réinvestir
la création		distribuer
le revenu		analyser
la liquidité		évaluer
l'obligation		satisfaire

Exercice 2   Complete each statement with the appropriate word(s).
1. Le bilan et l'état des résultats ont leur propre _____.
2. Le bilan indique la _____ économique ou financière de l'entreprise.
3. L'_____ est le stock qui reste.
4. Aux Etats-Unis et dans des pays étrangers il y a beaucoup de dollars en _____.
5. Une dette est une _____.

Exercice 3   Give the word or expression being defined.
1. le contraire de «brut»
2. étudier d'une façon détaillée
3. les rentes, les recettes
4. investir de nouveau
5. accumulé
6. ce qu'on doit
7. le stock
8. déterminer la valeur ou l'importance de quelque chose
9. fournir, donner à plusieurs personnes
10. ce que paient (rendent) les investissements

Exercice 4   Look at the following balance sheet. Give the French equivalent for each entry.

BALANCE SHEET

Assets
  Cash
  Negotiable instruments
  Accounts receivable
  Inventory
    Total current assets
  Plant and equipment, gross
  Less depreciation
  Plant and equipment, net
  Total assets
Liabilities
  Accounts payable
  Notes payable
  Accrued expenses
  Taxes to be paid
    Total current liabilities
  Mortgage bonds
  Long-term debts
  Equity
  Retained earnings
    Total equity
    Total liabilities

Exercice 5   Look at the following financial statement. Give the French equivalent for each entry.

PROFIT AND LOSS SHEET

Net sales
Cost of goods sold
Gross margin
Operating expenses
    Selling costs (Cost of sales)
    General and administrative expenses
    Lease
Gross operating income
Depreciation
Net operating income
Other revenue and expenses except interest
Less interest expenses
    Interest on debentures
    Interest on mortgage
    Interest on short-term debts
Net income before taxes
Taxes
Net income after taxes
Earnings per share

Exercice 6   Match the English word or expression in Column A with its French equivalent in Column B.

A	B
1. profitability	a. l'état
2. balance	b. le ratio
3. ratio	c. les effets à recevoir, les valeurs réalisables
4. fiscal period	d. le revenu net
5. leverage	e. les frais d'exploitation
6. statement	f. la rentabilité
7. current assets	g. le bénéfice brut, la marge brute
8. liquidity	h. les effets à payer (exigibles)
9. accounts receivable	i. le solde, le bilan
10. accounts payable	j. l'actif réalisable (circulant)
11. accrued	k. l'état des résultats
12. net income	l. le rendement
13. gross margin	m. l'état financier
14. operating expenses	n. l'exercice
15. profit and loss statement	o. accru
16. financial statement	p. la date d'échéance
17. return	q. le levier
18. due date	r. la liquidité
19. growth	s. la croissance

Exercice 7   Give the word or expression being defined.
1. le revenu brut moins les frais
2. une période budgétaire
3. l'actif qu'on peut mobiliser (convertir en espèces) dans très peu de temps
4. la capacité de convertir l'actif en espèces très vite
5. ce que l'entreprise doit payer, les dettes dont la date d'échéance est arrivée
6. ce que les clients doivent à l'entreprise
7. ce qu'il coûte pour faire fonctionner l'entreprise
8. caractéristique d'une entreprise qui a plus de recettes que de frais (dépenses)

COMPREHENSION _____

Exercice 1   Answer.
1. Pourquoi les états financiers sont-ils importants?
2. Quel est le document de base pour déterminer la situation financière d'une entreprise?
3. Comment les actifs sont-ils classés sur le bilan?
4. Que sont les actifs réalisables?
5. Que sont les immobilisations?
6. Qu'est-ce que le passif exigible?
7. Quel est un autre document financier important?
8. Qu'est-ce qui se présente en haut de ce document?
9. Que déduit-on des ventes?
10. Comment le bénéfice par action est-il calculé?
11. Qu'indique l'état des bénéfices (gains) non distribués?
12. Pourquoi les créanciers s'intéressent-ils à la liquidité de l'entreprise et à la rentabilité à court terme?
13. Qu'est-ce qui intéresse plus les actionnaires?

Exercice 2   List some examples of the following items.
1. l'actif réalisable
2. l'actif immobilisé
3. le passif exigible
4. les frais
5. les intérêts et les dividendes

Exercice 3   Compare the following items.
1. les ratios de liquidité et ceux de levier
2. les ratios de rentabilité et ceux de croissance

Chapitre 17
PLANIFICATION ET CONTROLE

Les budgets et les pronostics

La planification et le contrôle financiers dépendent de projections qui se basent sur certains normes. Chaque service de l'entreprise prépare des budgets et des pronostics. Dans le domaine de la production, on inclut le matériel nécessaire, la main-d'œuvre et les installations. Chaque sous-service comme celui du matériel prépare son propre budget détaillé. Le service des ventes prépare son budget. Le service de marketing fait de même. Quand toutes les projections des dépenses sont faites, elles sont inscrites dans un document qui est le compte de résultat.

Des projections des ventes, on tire les pronostics pour les investissements nécessaires à la production. Les projections des investissements réunis au bilan initial fournissent les renseignements nécessaires pour remplir le côté du bilan consacré à l'actif.

L'analyse du flux financier

On prépare aussi un budget ou une analyse du flux financier dans lequel on indique les effets des opérations prévues au budget d'après le flux financier de l'entreprise. Si le flux financier net est positif, l'entreprise a assez de financement pour les opérations prévues. Si le flux financier est négatif à cause d'une augmentation du coût des opérations, il faut trouver des fonds supplémentaires. Deux buts de la planification et du contrôle financiers sont d'augmenter la rentabilité et d'éviter que l'argent ne manque.

L'analyse du point d'équilibre

L'analyse du point d'équilibre, de même que les analyses de ratios et de flux financier, est utilisé pour analyser les données financières. L'analyse du point d'équilibre traite de la relation entre la rentabilité et les frais, les prix et le volume de production.

Comment varient les recettes quand le volume des ventes change (en supposant que les coûts et les prix ne changent pas)? Comment varient les recettes si les coûts et les prix changent? Le bénéfice net est égal aux revenus générés par les ventes moins tous les coûts, y compris la dépréciation, les intérêts sur les emprunts, les impôts, la main-d'œuvre, le matériel, la publicité et autres dépenses.

Les coûts sont fixes ou variables. Les coûts fixes sont ceux qui ne varient pas avec le volume de production. Ce sont les frais d'entretien des bureaux, de l'usine et de l'équipement, les impôts sur les biens immobiliers, le personnel. Les coûts variables varient selon le niveau de production. Les matériaux de production, la main-d'œuvre, l'électricité et autres sources d'énergie pour actionner les machines, le transport des produits, le matériel de bureau utilisé pour facturer, acheter ou percevoir sont, en général, des coûts variables.

Pour classifier les coûts en fixes et variables, il est utile de considérer trois facteurs: (a) le degré de changement du volume de production; (b) la période de temps nécessaire pour changer le coût; (c) la période de temps que durera le changement de niveau de production. Si les dépenses varient avec le niveau de production, le coût est variable. Sinon, le coût est fixe.

LES COUTS DE PLASTICOR, S.A.

Coûts fixes

Amortissement..	100 000 F
Entretien d'équipement (d'installation).................	15 000
Salaires administratifs	47 000
Loyer	8 000
Frais administratifs	5 000
Publicité...	5 000
Intérêts sur les capitaux empruntés	
(Dotations aux amortissements)	20 000
Montant	200 000

Coûts variables (par unité produite [fabriquée])

Main-d'œuvre	3,00 F
Matériaux...	5,00
Commissions (primes) sur ventes	2,00
Montant	10,00

Les coûts fixes et variables

Les coûts fixes de Plasticor sont de 200 000 F n'importe quelle quantité l'entreprise produit ou vend pendant l'exercice (l'année fiscale). Ces coûts ne changent pas. Pour chaque unité du produit qu'on fabrique, Plasticor a un coût supplémentaire de 10 F. C'est un coût variable, et le montant (total) du coût variable dépend du volume de production.

PLASTICOR, S.A.

Unités vendues	Total coûts fixes	Total coûts variables	Total coûts	Ventes	Revenu net[††] (Perte)
0	200 000	0	200 000	0	(100 000)
10 000	200 000	100 000	300 000	150 000	(75 000)
20 000	200 000	200 000	400 000	300 000	(50 000)
30 000	200 000	300 000	500 000	450 000	(25 000)
40 000[†]	200 000	400 000	600 000	600 000	0
50 000	200 000	500 000	700 000	750 000	25 000
60 000	200 000	600 000	800 000	900 000	50 000
70 000	200 000	700 000	900 000	1 050 000	75 000

[†]point d'équilibre = 40 000 unités

[††]en supposant un taux d'imposition de 50%

L'analyse du point d'équilibre est utile pour déterminer l'effet qu'ont les variations des ventes sur les revenus. Les gestionnaires veulent savoir quand ils considèrent un nouveau projet ce qui arriverait (quel serait le résultat) si les ventes étaient moins bonnes que prévues ou si les frais étaient plus élevés que prévus. En fin de compte, les analyses de point d'équilibre sont utilisées pour évaluer les conséquences qu'entraîneraient des niveaux différents de ventes et de frais.

ETUDE DE MOTS

Exercice 1   Study the following cognates that appear in this chapter.

la planification	la production	fixe
le contrôle	le matériel	variable
la projection	l'installation	
la norme	le personnel	dépendre
le budget	le salaire	se baser
le pronostic	l'unité	inclure
le domaine	la commission	

Exercice 2   Give the word or expression being defined.
1. ce dont on a besoin pour produire ou fabriquer quelque chose
2. la prévision, le pronostic
3. le plan financier
4. les bâtiments, les bureaux, les usines
5. les employés, les cadres, les ouvriers
6. la rémunération, ce que l'employé reçoit pour son travail
7. pas fixe, qui change
8. chacun
9. la prime

Exercice 3   Match the English word or expression in Column A with its French equivalent in Column B.

A	B
1. itemized budget	a. le bilan initial
2. sales department	b. le ratio
3. profit and loss sheet (statement)	c. le bénéfice net
4. starting balance	d. le budget détaillé
5. breakeven point	e. la rentabilité
6. ratio	f. le service des ventes
7. profitability	g. facturer
8. income, receipts	h. l'état de résultat
9. net profit	i. l'entretien
10. maintenance, upkeep	j. le point d'équilibre
11. property taxes	k. le loyer
12. to bill	l. les impôts sur les biens immobiliers
13. to collect	m. percevoir
14. rent	n. les recettes

Exercice 4   Give the word or expression being defined.
1. les possibilités de réaliser des bénéfices
2. les revenus (recettes) moins tous les frais (coûts)
3. les impôts qu'on paie sur la maison, le terrain, etc.
4. l'état qui indique les gains et les pertes de l'entreprise
5. le revenu
6. la quantité d'une marchandise qu'il faut vendre avant de récupérer les coûts
7. relation entre deux quantités
8. le département chargé de vendre le produit
9. l'argent que le locataire paie mensuellement ou trimestriellement au propriétaire
10. préparer la note qui indique le prix
11. un plan qui indique tous les coûts et recettes prévues
12. service d'une entreprise chargé de maintenir les performances des équipements et du matériel

COMPREHENSION

Exercice 1   Explain the consequences of the following conditions.
1. Le flux financier de l'entreprise est positif.
2. Le flux financier de l'entreprise est négatif.

Exercice 2   Answer.
1. De quoi dépendent la planification et le contrôle financiers?
2. Que prépare chaque département ou service?
3. Qu'est-ce que l'état de résultat?
4. De quoi tire-t-on les pronostics pour les investissements nécessaires à la production?
5. Quels sont deux buts importants de la planification et du contrôle financiers?
6. De quoi l'analyse du point d'équilibre traite-t-elle?
7. Pourquoi l'analyse du point d'équilibre est-elle importante?
8. Qu'est-ce que les gestionnaires peuvent évaluer en analysant le point d'équilibre?

Exercice 3   Explain the following terms.
1. le bénéfice net
2. les coûts fixes
3. les coûts variables

Exercice 4   Follow the instructions.
1. Faites une liste de coûts fixes.
2. Faites une liste de coûts variables.

Exercice 5 Give the following information based on the breakeven analysis done by Plasticor S.A.

1. le prix d'unité de leur produit
2. le montant des coûts fixes
3. le coût variable par unité
4. le taux d'impôts
5. le point d'équilibre

Chapitre 18
FUSIONS ET FAILLITE

Les fusions

Une fusion d'entreprises est l'union de plusieurs entreprises qui forme ainsi une nouvelle entreprise. Il y a deux possibilités: ou l'une ou plusieurs des entreprises disparaît, ou toutes les entreprises sont dissoutes et une nouvelle est créée. (Aux Etats-Unis on n'emploie le mot *merger* ou *fusion* que dans le cas où une des entreprises qui fait partie de l'union survit. Si toutes les entreprises sont dissoutes et une nouvelle est créée, on dit *consolidation.*) Lorsque les entreprises qui fusionnent sont dans la même branche industrielle—deux compagnies aériennes, par exemple—on parle de «concentration horizontale». On parle de «concentration verticale» lorsque les entreprises qui fusionnent s'occupent des différentes phases de la même industrie. Les grandes entreprises veulent contrôler le développement de la production au maximum. Par exemple, dans l'industrie automobile, une concentration verticale ira des mines de charbon[1] aux points de ventes en passant par les fabricants de pneus[2], des batteries, etc. Les conglomérats sont des fusions d'entreprises qui ont des activités différentes. La plupart sont des fusions de ce type.

Les entreprises considèrent une fusion quand elles pensent que la valeur totale sera plus élevée si elles s'unissent que si elles restent séparées. Les fusions ont comme résultat une baisse des impôts et la synergie. La synergie est une action coordonnée qui aboutit[3] à un résultat bénéfique pour toutes les parties concernées, comme la réduction des coûts de production, d'administration, de financement et de commercialisation.

Les fusions peuvent être amicales ou hostiles. Elles peuvent être simplement l'acquisition d'une entreprise par une autre. Une entreprise peut en acheter une autre, soit avec de l'argent liquide, soit avec des actifs, ou elle peut acheter la majorité des actions de l'autre entreprise. Tous les actionnaires, aussi bien ceux de l'entreprise qui achète que ceux de celle qui vend, veulent augmenter leurs bénéfices. Pour que l'acquisition soit acceptable pour les deux partis, il faut que le profit rapporté par les actions augmente dans l'avenir et que la valeur des actifs reçus soit supérieure à celle de ceux que l'on remet[4].

---

[1]*coal*   [2]*tires*   [3]*leads*   [4]*puts up*

La faillite

La faillite d'une entreprise peut être de deux types, la faillite économique ou la faillite financière. Il y a faillite économique quand l'entreprise ne peut générer des profits suffisants au-dessus de ses investissements. La faillite financière a lieu lorsque l'entreprise ne peut pas payer ses créanciers. La faillite économique, si elle ne peut pas être évitée, entraîne la fermeture et la liquidation des actifs. La faillite financière sans faillite économique exige seulement des ajustements pour satisfaire les créanciers. Les ajustements peuvent être simplement un délai des paiements, ou aller jusqu'à la réorganisation de l'entreprise. Il y a une différence entre une restructuration et une réorganisation. Une entreprise peut volontairement se restructurer en éliminant certains postes, en combinant différentes fonctions, en éliminant certains niveaux de direction pour faire face à ses problèmes économiques et pour améliorer l'efficacité de ses opérations. Une réorganisation a lieu quand les créanciers de l'entreprise ont recours à la justice. Si les créanciers exigent une réorganisation, le tribunal peut nommer un administrateur et demander un plan de réorganisation. Une fois la réorganisation faite, les obligations précédentes sont annulées et de nouvelles sont émises par les créanciers.

Quand la faillite économique est finale, l'entreprise dépose son bilan. La liquidation de l'entreprise peut être privée, arrangée entre les créanciers et l'entreprise, ou être sous la direction du tribunal—chapitre 7 du code de faillite.

ETUDE DE MOTS

Exercice 1   Study the following cognates that appear in this chapter.

l'union	le profit	hostile
la branche	la liquidation	privé
la concentration	l'ajustement	
la phase	le délai	créer
l'industrie	la réorganisation	contrôler
le développement	la restructuration	s'unir
la production	le poste	se séparer
le conglomérat	l'administration	coordonner
la synergie	le financement	générer
la partie		éliminer
la réduction	industriel	améliorer
l'acquisition	concerné	annuler
la majorité	amical	

Exercice 2   Match the word in Column A with its opposite in Column B.

A	B
1. réunir	a. privé
2. l'augmentation	b. la minorité
3. hostile	c. séparer
4. l'acquisition	d. amical

5. la majorité   e. la réduction
6. public   f. la vente

Exercice 3   Complete the following terms in French.
1. to generate profits   _____ des profits
2. hostile takeover   une fusion _____
3. friendly (amicable) merger   une fusion _____
4. reduction in production costs   une _____ des coûts de
                                    _____
5. administrative costs   les coûts d'_____

Exercice 4   Give the noun form for each of the following verbs.
1. réorganiser
2. liquider
3. restructurer
4. acquérir
5. profiter
6. réduire
7. produire
8. développer
9. concentrer
10. financer

Exercice 5   Match the word or expression in Column A with its French equivalent in Column B.

A	B
1. merger	a. une baisse des impôts
2. to merge	b. le créancier
3. manufacturer	c. le tribunal
4. lowering of taxes	d. fusionner
5. bankruptcy	e. la fusion
6. creditor	f. faire face à
7. closing	g. la fermeture
8. to confront, face up to	h. le fabricant
9. court	i. déposer son bilan
10. to file for bankruptcy	j. la faillite

Exercice 6   Complete each statement with the appropriate word(s).
1. On cherche toujours une _____ des impôts, pas une hausse.
2. Une crise économique peut aboutir à des résultats négatifs pour l'entreprise dont le pire est la _____.
3. Quand la _____ est finale l'entreprise _____ son bilan.
4. De temps en temps si l'entreprise ne peut pas satisfaire ses _____, il ne faut que réorganiser ou restructurer l'entreprise pour _____ à ses problèmes économiques et améliorer l'efficacité de ses opérations.

5. Si la faillite est finale elle entraîne la _____ de l'entreprise.
6. L'union de deux ou plusieurs entreprises pour former une nouvelle entreprise est une _____.

COMPREHENSION

Exercice 1   True or false?
1. L'union de deux ou plusieurs entreprises est une fusion.
2. Si deux lignes aériennes fusionnent, c'est une concentration verticale.
3. Si deux entreprises qui ont des activités bien différentes fusionnent, c'est une concentration verticale.
4. La faillite financière d'une entreprise entraîne la fermeture immédiate de l'entreprise et la liquidation de tous ses actifs.
5. Une réorganisation a lieu quand les créanciers et l'entreprise ont recours à la justice.

Exercice 2   Answer.
1. Aux Etats-Unis, quelle est la différence entre une fusion et une consolidation?
2. Quelle est la différence entre la concentration horizontale et la concentration verticale?
3. Pour quelles raisons les entreprises considèrent-elles une fusion?
4. Comment la fusion peut-elle aboutir à un résultat bénéfique?
5. Que veulent les actionnaires quand il y a la possibilité d'une acquisition?
6. Quelle est la différence entre la faillite économique et la faillite financière?
7. Qu'est-ce que la faillite financière?
8. Qu'est-ce qui se passe quand il y a une réorganisation?
9. Qu'est-ce qui se passe quand la faillite économique est définitive?

Exercice 3   Explain the following terms.
1. une fusion
2. un conglomérat
3. une acquisition
4. une acquisition amicale
5. une acquisition hostile
6. la restructuration
7. la réorganisation
8. la faillite économique définitive

Chapitre 19
FINANCES
INTERNATIONALES

Ford a des usines en Espagne, en Grande-Bretagne, en Allemagne et au Mexique et dans beaucoup d'autres pays. Honda fabrique des automobiles aux Etats-Unis. Il y a des hôtels nord-américains en Europe et au Japon, comme il y a des hôtels japonais et européens aux Etats-Unis. Parmi les 50 plus grandes compagnies du monde, 33 sont japonaises, 14 sont nord-américaines et 3 sont britanniques.

Les transactions internationales

Une grande proportion des bénéfices des grosses sociétés des Etats-Unis provient du commerce international. A lui seul, l'achat d'actifs immobilisés à l'étranger par des entreprises nord-américaines est passé d'environ 12 000 millions de dollars en 1950 à 300 000 millions de dollars récemment. L'objectif des entreprises est le même dans le contexte international que dans le contexte national, c'est-à-dire de maximiser la valeur. Il s'agit d'acheter des actifs qui valent plus que le prix qu'on a payé, et de payer en émettant des titres qui valent moins que la somme d'argent qu'on a reçue pour eux. Ce qui complique ces transactions, c'est qu'elles se font en utilisant des devises diverses de valeurs différentes. Le fait que ces valeurs changent fréquemment représente un facteur de risque supplémentaire.

Le taux de change

Le taux de change indique la relation qui existe entre les monnaies de différents pays. Sur le marché des devises, il y a un taux de change pour le jour même (en réalité, 2 jours) et pour les jours qui suivent (une durée de 30, 90 ou 180 jours). Dans ce dernier cas, on prend en considération les variations possibles du taux de change et du taux d'intérêt.

Le marché de devises

L'échange de devises se fait dans le cadre d'un marché qui n'existe physiquement que dans les grandes banques centrales et commerciales. Les entreprises effectuent leurs échanges dans ces banques par l'intermédiaire du téléphone, du télex ou du télécopieur («fax»). Les deux grands centres pour l'échange de devises sont Londres et Tokyo. Tous les jours, plus de 200 000 millions de dollars en devises sont échangées dans ces deux centres. Les entreprises s'appuient[1] sur les prévisions du change pour se protéger contre des pertes causées par d'éventuelles fluctuations (les hausses et les baisses) des taux de change. Ces fluctuations peuvent résulter des fluctuations des taux d'intérêt ou bien de l'inflation ou encore d'événements politiques.

Les avantages d'une présence sur les marchés internationaux sont multiples pour les sociétés multinationales. Si Ford ne devait exporter que des voitures fabriquées aux Etats-Unis, le prix de production élevé aux Etats-Unis et les tarifs douaniers à payer à l'étranger aurait comme résultat un manque de compétitivité. Les voitures Ford seraient beaucoup trop chères en comparaison des voitures fabriquées dans le pays-même. C'est pourquoi Ford, Chrysler et General Motors ont des usines dans des pays étrangers. Les filiales des sociétés nord-américaines ont certains avantages. Elles n'ont pas à payer d'impôts aux Etats-Unis jusqu'à ce que les bénéfices soient payés à la maison mère aux Etats-Unis. Elles peuvent également déduire les impôts qu'elles paient à l'étranger.

Les risques

Tout mouvement d'argent d'un pays à un autre exige un flot de devises constant et un risque pour les entreprises. Par exemple, si un touriste nord-américain achète des perles à Tokyo pour 130 000 yens et le taux de change est de 130 yens le dollar, le prix des perles est alors 1 000 dollars. Il paie avec une carte de crédit. Le temps que la facture lui arrive, le taux du dollar est passé à 100 yens. Le touriste va donc être obligé de payer 1 300 dollars.

Le même genre de risque existe pour les entreprises et leurs transactions de milliers de millions de dollars. Un exemple typique des risques que courent les entreprises est le cas de Laker Airlines, une compagnie aérienne de Grande-Bretagne. Laker avait fait de gros emprunts en dollars. Mais ses revenus étaient surtout en livres sterling. Or dans les années 80 la valeur du dollar par rapport à la livre sterling a monté d'une façon importante. Laker s'est vu obligé de liquider parce que la compagnie ne pouvait plus payer ses dettes.

Les entreprises ont plusieurs façons de se protéger contre les fluctuations des taux de change—les marchés de change futur des devises ou les marchés des prêts entre autres.

En plus des risques que présentent les fluctuations des taux de change, les investissements à l'étranger sont également à la merci de changements politiques. Les crises du pétrole de 1973 et 1990 en sont deux exemples.

Depuis une vingtaine d'années, on assiste à un essor[2] fulgurant[3] du commerce international. Pour beaucoup de grosses sociétés, une grande partie des revenus provient d'investissements à l'étranger. Ce phénomène a aussi pour effet d'uniformiser le monde, pour le meilleur ou pour le pire.

---

[1]*rely*   [2]*rise*   [3]*meteoric*

ETUDE DE MOTS

Exercice 1   Study the following cognates that appear in this chapter.

la proportion	la fluctuation	supplémentaire
l'objectif	l'événement	central
le contexte	l'avantage	commercial
la valeur	la présence	politique
la transaction	la dette	
le facteur	le flot	maximiser
le risque		compliquer
la relation	international	indiquer
la variation	national	exporter
la banque	multinational	

Exercice 2   Complete each expression with the appropriate word(s).

1. additional risk   le _____ supplémentaire
2. international context   le contexte _____
3. multinational corporation   la société _____
4. central bank   le banque _____
5. political events   les événements _____
6. risk factor   le facteur de _____

Exercice 3   Match the word in Column A with its opposite in Column B.

A	B
1. national	a. importer
2. la dette	b. minimiser
3. exporter	c. international
4. l'avantage	d. faciliter
5. l'inflation	e. le revenu
6. compliquer	f. le désavantage
7. maximiser	g. la récession

Exercice 4   Match the word in Column A with its definition in Column B.

A	B
1. international	a. la hausse et la baisse
2. multinational	b. une hausse dans le prix
3. la fluctuation	c. de beaucoup de pays
4. le pourcentage	d. la proportion
5. l'inflation	e. entre deux pays ou plus
6. l'objectif	f. envoyer des produits à l'étranger
7. exporter	g. ce qui arrive, la situation
8. l'événement	h. le but

Exercice 5   Match the English word or expression in Column A with its French equivalent in Column B.

	A		B
1.	foreign currencies	a.	la maison mère
2.	exchange rate	b.	la filiale
3.	currency market	c.	la prévision
4.	loss	d.	les devises
5.	duty, excise tax	e.	la monnaie
6.	lack of competitiveness	f.	le taux de change
7.	parent company	g.	le marché de devises
8.	subsidiary	h.	la grosse société
9.	loan	i.	l'emprunt
10.	to manufacture	j.	l'échange des devises
11.	estimate, forecast	k.	la perte
12.	money exchange	l.	le tarif douanier
13.	factory	m.	l'usine
14.	large corporation	n.	le manque de compétitivité
15.	fixed assets	o.	fabriquer
16.	currency	p.	les actifs immobilisés

Exercice 6   Complete each statement with the appropriate word(s).

1. Le franc français, le yen japonais, la livre sterling et le dollar sont des

   _____.
2. Le _____ (la valeur relative des devises) n'est pas constant. Il varie (fluctue).
3. On effectue les _____ de devises au _____ des devises.
4. La _____ des Etats-Unis est le dollar et la _____ française est le franc.
5. Les bâtiments, le terrain, etc., sont des exemples d'_____.
6. Toulouse est le centre de l'industrie aérospatiale en France. Aux environs de Toulouse il y a beaucoup d'_____ où l'on _____ des avions.
7. Il a fait un _____ pour fonder le commerce.
8. Ford et IBM sont des exemples de _____.
9. Il faut payer des _____ pour les produits qui sont importés de l'étranger.
10. La _____ de McGraw-Hill est actuellement à New York mais la société a beaucoup de bureaux et _____ dans d'autres villes du monde.
11. Un _____ de compétitivité a souvent un effet négatif sur le marché.

COMPREHENSION _____

Exercice 1   True or false?
1. L'objectif des entreprises dans le contexte international est complètement different de celui dans le contexte national.
2. Le taux de change et le taux d'intérêt sont toujours les mêmes.
3. Le taux de change indique la relation entre deux devises de valeur différente.
4. Les deux grands centres pour l'échange des devises sont New York et Tokyo.
5. Les filiales des grosses sociétés américaines sont obligées de payer des impôts à l'Etat dès qu'elles effectuent une vente dans n'importe quel pays étranger.
6. La maison mère peut déduire des impôts fédéraux des impôts payés à l'étranger.
7. Les taux d'intérêt n'ont rien à voir avec les taux de change.

Exercice 2   Answer.
1. De quelle nationalité sont les 50 sociétés les plus importantes du monde?
2. Quel est l'objectif des entreprises dans le contexte international?
3. Pourquoi les transactions internationales sont-elles un peu plus compliquées que les transactions nationales?
4. Qu'est-ce qui influence les fluctuations des taux de change?
5. Si Ford n'exportait que des voitures fabriquées aux Etats-Unis, pourquoi le résultat serait-il un manque de compétitivité?
6. En conséquence, que fait Ford?

Exercice 3   Follow the instructions.
1. Expliquez ce qui est arrivé au touriste qui avait acheté des perles à Tokyo.
2. Expliquez pourquoi Laker s'était vu obligé de liquider.

ANSWERS TO VOCABULARY EXERCISES

L'ECONOMIE

CHAPITRE 1: Qu'est-ce que l'économie?

Exercice 2
1. e 2. h 3. i 4. m 5. a 6. n 7. q 8. c 9. k 10. o 11. b 12. g
13. l 14. p 15. j 16. f 17. d

Exercice 3
1. d 2. g 3. i 4. a 5. e 6. c 7. b 8. j 9. f 10. h

Exercice 4
1. produit, consomme 2. producteur, produits, consommation, consommateurs
3. consommateur, distributeur 4. distribution, produits
5. production, distribution, consommation

Exercice 5
1. administratif 2. professionnel 3. technique 4. total 5. humain 6. politique
7. différent

Exercice 6
1. h 2. b 3. e 4. f 5. a 6. g 7. c 8. d 9. l 10. j 11. i 12. k

Exercice 7
1. a 2. e 3. i 4. k 5. b 6. f 7. p 8. l 9. c 10. g 11. o 12. d
13. h 14. m 15. j 16. n

Exercice 8
1. b 2. a 3. a 4. c 5. b 6. c

Exercice 9
1. les biens 2. le prix 3. la rareté 4. les ouvriers 5. l'équipement
6. les ressources humaines 7. les biens immobiliers 8. les matières premières

Exercice 10
1. c 2. f 3. h 4. a 5. j 6. p 7. d 8. n 9. b 10. l 11. q 12. r
13. g 14. i 15. e 16. o 17. m 18. k

Exercice 11
1. La monnaie 2. La monnaie 3. le taux 4. prévoir 5. tenir compte
6. La rareté, besoins 7. croissance économique 8. moyen de communication

Exercice 12
1. à long terme   2. le chômage   3. la croissance économique   4. la rareté
5. la nécessité   6. tenir compte   7. l'achat

Exercice 13
1. disposer   2. disponible   3. la disponibilité

Exercice 14
1. c   2. a   3. b   4. d

CHAPITRE 2: Les différents systèmes économiques

Exercice 2
1. e   2. g   3. a   4. i   5. b   6. f   7. c   8. j   9. d   10. h

Exercice 3
1. autoritaire   2. laisser-faire   3. laisser-faire   4. autoritaire   5. autoritaire
6. laisser-faire   7. autoritaire   8. autoritaire

Exercice 4
1. a   2. c   3. a   4. c

Exercice 5
1. d   2. a   3. g   4. b   5. e   6. i   7. f   8. j   9. c   10. h

Exercice 6
1. d   2. a   3. g   4. i   5. m   6. b   7. h   8. j   9. c   10. n   11. o   12. e
13. k   14. f   15. l   16. q   17. p

Exercice 7
1. b   2. d   3. g   4. i   5. a   6. e   7. j   8. c   9. f   10. h

Exercice 8
1. a   2. d   3. j   4. b   5. f   6. h   7. c   8. g   9. e   10. i

Exercice 9
1. services sociaux   2. l'Etat   3. appartenir   4. à l'encontre   5. biens, services
6. impôts

Exercice 10
1. c   2. c   3. c   4. b   5. c

CHAPITRE 3: Le marché

Exercice 2
1. c   2. d   3. i   4. r   5. a   6. g   7. j   8. n   9. h   10. m   11. b   12. q
13. e   14. l   15. p   16. f   17. s   18. k   19. o

Exercice 3
1. l'agriculteur   2. l'artisan   3. le salaire   4. la demande   5. substituer

Exercice 4
1. n   2. d   3. k   4. b   5. a   6. j   7. c   8. e   9. m   10. g   11. l   12. f
13. h   14. i

Exercice 5
1. a   2. c   3. c   4. c   5. a   6. b   7. b   8. c

Exercice 6
1. c   2. f   3. a   4. e   5. b   6. d

Exercice 7
1. c   2. f   3. i   4. g   5. l   6. n   7. b   8. k   9. m   10. d   11. h   12. j
13. a   14. e

Exercice 8
1. une courbe   2. mettre en vente   3. une pénurie   4. un excédent   5. semblables
6. Une pente   7. goûts   8. fournissent

Exercice 9
1. c 2. a   3. e   4. h   5. b   6. i   7. g   8. j   9. d   10. f

CHAPITRE 4: L'économie et l'Etat

Exercice 2
1. a   2. d   3. m   4. i   5. f   6. n   7. j   8. b   9. c   10. l   11. g   12. e
13. h   14. k

Exercice 3
1. l'indigent   2. l'aéroport   3. la tonne   4. refuser   5. procurer   6. exister
7. l'industriel   8. la contribution   9. la dette   10. le déficit   11. le reste
12. équitable   13. mixte   14. gratuit

Exercice 4
1. d   2. f   3. h   4. n   5. l   6. j   7. m   8. a   9. c   10. g   11. e   12. i
13. k   14. b

Exercice 5
1. les impôts sur les ventes   2. les impôts sur les revenus personnels
3. les impôts fédéraux   4. les droits de douane   5. les impôts locaux
6. l'impôt foncier

Exercice 6
1. a   2. c   3. c   4. c   5. a

Exercice 7
1. c   2. o   3. i   4. q   5. f   6. j   7. l   8. p   9. a   10. d   11. e   12. n
13. g   14. k   15. h   16. b   17. m

Exercice 8
1. l'enseignement public   2. un chômeur   3. bons d'alimentation
4. le logement subventionné   5. La défense nationale   6. services sociaux
7. Sécurité Sociale   8. budget   9. l'entretien   10. le contrôle
11. la protection de l'environnement   12. budgétaire

Exercice 9
1. t   2. k   3. o   4. e   5. g   6. m   7. a   8. q   9. h   10. l   11. r   12. s
13. b   14. c   15. i   16. f   17. n   18. j   19. d   20. p

Exercice 10
1. c   2. e   3. g   4. j   5. a   6. l   7. f   8. b   9. k   10. d   11. h   12. i

Exercice 11
1. a   2. c   3. b   4. a   5. c   6. a   7. b   8. c

Exercice 12
1. d   2. i   3. a   4. g   5. k   6. b   7. e   8. c   9. j   10. f   11. h   12. l

Exercice 13
1. c   2. c   3. b   4. b   5. a   6. c   7. c   8. c   9. a   10. c

CHAPITRE 5: Les entreprises commerciales

Exercice 2
1. le géant   2. l'individu   3. l'état   4. les fonds   5. acquérir   6. le domicile
7. la majorité   8. le pourcentage (la partie)   9. le risque   10. le futur   11. éternel
12. l'amortissement   13. le matériel   14. la somme   15. la dette   16. la quantité
17. précis   18. la sorte   19. égal   20. la balance   21. le changement
22. la méthode

Exercice 3
1. d   2. e   3. b   4. a   5. c

Exercice 4
1. b   2. c   3. b   4. a   5. a

Exercice 5
1. d   2. e   3. h   4. f   5. a   6. j   7. i   8. b   9. g   10. c

Exercice 6
1. a   2. e   3. d   4. f   5. b   6. c

Exercice 7
1. b   2. c   3. a   4. a   5. c   6. b

Exercice 8
1. d   2. j   3. g   4. n   5. a   6. b   7. h   8. f   9. k   10. l   11. p   12. o
13. i   14. c   15. m   16. e

Exercice 9
1. le gain   2. la perte   3. à long terme   4. à court terme   5. l'actif   6. le passif
7. la faillite   8. investir   9. le concurrent

Exercice 10
1. c   2. a   3. e   4. b   5. f   6. d

Exercice 11
1. a   2. e   3. i   4. d   5. j   6. g   7. b   8. c   9. h   10. f

Exercice 12
1. couvrir   2. paiement   3. frais, coûts   4. frais variables   5. frais fixes
6. gains, pertes   7. vente   8. comptes

Exercice 14
1. le passif   2. l'actif   3. le flux monétaire   4. l'actif réalisable
5. les immobilisations   6. les biens corporels   7. les biens incorporels   8. le passif
9. les valeurs mobilières

Chapitre 6: Le chômage et l'inflation

Exercice 2
1. f 2. j 3. a 4. g 5. b 6. h 7. l 8. d 9. c 10. k 11. i 12. e

Exercice 3
1. la récession   2. la dépression   3. l'inflation   4. l'arbitrage   5. temporaire
6. la crise   7. investir   8. équitable   9. le cycle   10. l'employé

Exercice 4
1. adhérents   2. adhérents   3. adhérence   4. résoudre   5. tiers parti
6. le capital

Exercice 5
1. e 2. b 3. f 4. g 5. d 6. a 7. h 8. c

Exercice 6
1. a 2. d 3. f 4. b 5. h 6. j 7. k 8. e 9. i 10. m 11. c 12. n
13. g 14. l

Exercice 7
1. La main-d'œuvre   2. population active   3. chômage   4. Le taux de chômage
5. le taux d'emploi   6. Le niveau de vie   7. retraités   8. L'emploi plein
9. Le marché du travail, Le marché du travail

Exercice 8
1. e 2. c 3. g 4. j 5. n 6. b 7. l 8. m 9. r 10. p 11. q 12. f
13. a 14. o 15. i 16. k 17. h 18. d

Exercice 9
1. b 2. c 3. a 4. c 5. b 6. c 7. a 8. c

Exercice 10
1. gréviste   2. patron (cadre)   3. grévistes, lieu, grève   4. cadres   5. accord
6. arrêt du travail, ralentissement

Exercice 11
1. d 2. f 3. h 4. k 5. o 6. n 7. a 8. b 9. g 10. l 11. c 12. i
13. m 14. j 15. e

Exercice 12
1. b 2. d 3. f 4. g 5. a 6. h 7. c 8. i 9. j 10. e

Exercice 13
1. pertes   2. créancier   3. reprise   4. éviter   5. but   6. La loi   7. l'issue

CHAPITRE 7: L'argent et la banque

Exercice 2

1. c   2. f   3. h   4. a   5. i   6. d   7. g   8. j   9. e   10. b

Exercice 3

1. divisible   2. transportable   3. stable   4. mesurer   5. la dette   6. les fonds
7. stabiliser   8. le salaire   9. le reste   10. négociable

Exercice 4

1. g   2. h   3. e   4. j   5. a   6. c   7. i   8. d   9. f   10. b

Exercice 5

1. c   2. e   3. g   4. a   5. i   6. k   7. f   8. o   9. n   10. q   11. h   12. m
13. t   14. l   15. b   16. d   17. j   18. s   19. p   20. r   21. u

Exercice 6

1. True   2. True   3. False   4. True   5. True   6. True   7. True   8. True
9. True   10. False   11. False   12. True

Exercice 8

1. d   2. f   3. c   4. a   5. g   6. b   7. h   8. e

Exercice 9

1. d   2. f   3. q   4. b   5. a   6. i   7. k   8. m   9. r   10. e   11. g   12. n
13. j   14. t   15. s   16. c   17. o   18. p   19. l   20. h

Exercice 10

1. bon du gouvernement   2. un bordereau de versement   3. troc, troc
4. acheteur, vendeur   5. d'échange   6. emprunter   7. emprunte, prête   8. pousse
9. solde   10. billets à ordre, billets à ordre   11. succursales   12. valeur
13. encaisser (toucher)   14. alimenter

Exercice 11

1. le vendeur   2. le solde   3. le bon du gouvernement   4. encaisser
5. le placement   6. emprunter   7. acheteur   8. le troc   9. pousser   10. remplir

CHAPITRE 8: Le commerce international

Exercice 2

1. baril   2. Système   3. source   4. enregistrer   5. interdépendance   6. naturel

Exercice 3

1. d   2. a   3. b   4. h   5. f   6. c   7. j   8. e   9. g   10. i

Exercice 4

1. l'exportation, l'importation   2. importer, exporter   3. exporter, importer
4. exportateur   5. importateur

Exercice 5

1. a   2. c   3. c   4. b   5. b

Exercice 6

1. k   2. d   3. s   4. l   5. r   6. i   7. o   8. c   9. p   10. n   11. b   12. f
13. m   14. t   15. h   16. q   17. j   18. a   19. g   20. e   21. v   22. u

Exercice 7

1. croissance   2. du commerce   3. devises   4. aide   5. tiers-monde   6. ralentir
7. titres du gouvernement, valeurs mobilières (matières premières)
8. matières premières   9. fournissent   10. excédent   11. épuisable

Exercice 8

1. la hausse   2. la croissance   3. un pays en voie de développement
4. les matières premières   5. fournir   6. renouvelable   7. un excédent
8. le marché mondial   9. le libre-échange

CHAPITRE 9: Les finances internationales

Exercice 2

1. g   2. c   3. a   4. f   5. e   6. h   7. d   8. b

Exercice 3

1. d   2. a   3. h   4. k   5. p   6. b   7. e   8. q   9. f   10. o   11. c   12. l
13. j   14. g   15. i   16. n   17. m

Exercice 4

1. accorder   2. manufacturé   3. l'austérité   4. renégocier   5. risquer
6. le consommateur   7. prolongé   8. le quota   9. le déficit   10. continu   11. fixe
12. international

Exercice 5

1. c   2. e   3. g   4. k   5. l   6. a   7. o   8. i   9. n   10. f   11. q   12. h
13. p   14. d   15. b   16. m   17. j

Exercice 6

1. devises   2. le marché du change   3. baisse   4. monte   5. librement
6. l'offre, la demande   7. l'impôt   8. déficit   9. contrecarrer

Exercice 7

1. le chiffre   2. la demande   3. l'offre   4. l'excédent   5. l'impôt   6. les devises
7. le marché noir   8. baisser

Exercice 8

1. c   2. e   3. k   4. f   5. a   6. j   7. b   8. i   9. h   10. d   11. g

Exercice 9

1. False   2. False   3. True   4. True   5. True   6. False   7. False   8. True

Exercice 10

1. le taux d'espérance de vie   2. le niveau de vie   3. la formation
4. le pays en voie de développement   5. réclamer   6. l'analphabétisme

LA FINANCE

CHAPITRE 10: Introduction

Exercice 2

1. e   2. g   3. a   4. i   5. j   6. m   7. k   8. d   9. o   10. f   11. b   12. c
13. n   14. h   15. l   16. p

Exercice 3
1. contrôleur   2. demande   3. compagnie   4. membre   5. salaire

Exercice 4
1. d   2. f   3. h   4. a   5. j   6. m   7. n   8. e   9. g   10. c   11. b   12. i
13. k   14. l

Exercice 5
1. e   2. f   3. h   4. j   5. a   6. b   7. m   8. l   9. d   10. c   11. q   12. p
13. r   14. g   15. k   16. s   17. i   18. u   19. o   20. n   21. t

Exercice 6
1. investir   2. investissement   3. actions   4. investisseurs   5. actionnaires

Exercice 7
1. le président-directeur général   2. taux d'intérêt   3. comptabilité   4. élire
5. à court terme   6. assurances   7. argent liquide   8. gains (revenus)
9. société anonyme   10. but   11. hausse du prix   12. coût

Exercice 8
1. c   2. g   3. a   4. i   5. j   6. d   7. l   8. k   9. e   10. h   11. f   12. b

Exercice 9
1. le contremaître (l'agent de maîtrise)   2. l'ouvrier   3. le chef de service
4. la caisse de retraite   5. la main-d'œuvre   6. les ventes   7. le vendeur
8. la fabrication   9. le programme de motivation   10. la direction (la gestion)
11. la comptabilité

CHAPITRE 11: Le système financier

Exercice 2
1. négociable   2. La commission   3. intérêts   4. contribuent   5. La banque
6. un dividende   7. stable

Exercice 3
1. f   2. h   3. b   4. a   5. g   6. d   7. c   8. e

Exercice 4
1. c   2. a   3. f   4. d   5. h   6. g   7. k   8. l   9. j   10. o   11. p   12. r
13. t   14. m   15. n   16. q   17. s   18. b   19. e   20. i

Exercice 5
1. b   2. d   3. g   4. a   5. e   6. i   7. h   8. c   9. f   10. j   11. k

Exercice 6
1. a   2. c   3. b   4. a   5. b   6. a   7. b   8. b   9. a   10. b

Exercice 7
1. le courtier   2. la Bourse de New York   3. l'action   4. l'actif   5. le passif
6. le montant   7. les économies   8. les impôts   9. un bon   10. l'actionnaire
11. négocier   12. l'escompte   13. monter   14. baisser   15. la valeur nominale
16. une revendication

Exercice 8

1. c   2. f   3. h   4. a   5. b   6. k   7. l   8. d   9. n   10. p   11. i   12. g
13. o   14. e   15. j   16. m

Exercice 10

1. b   2. c   3. a   4. b

Exercice 11

1. b   2. d   3. e   4. h   5. j   6. i   7. f   8. a   9. c   10. g

CHAPITRE 12: Les types d'entreprise

Exercice 2

1. d   2. e   3. a   4. f   5. g   6. b   7. h   8. c

Exercice 3

1. le domicile   2. le coût   3. le revenu   4. la propriété   5. participer
6. la somme   7. sauvegarder   8. le propriétaire

Exercice 4

1. h   2. g   3. d   4. c   5. a   6. b   7. f   8. e

Exercice 5

1. c   2. f   3. h   4. a   5. b   6. k   7. l   8. o   9. e   10. d   11. q   12. t
13. g   14. u   15. v   16. m   17. i   18. j   19. p   20. r   21. n   22. s

Exercice 6

1. b   2. a   3. b   4. a   5. b   6. b   7. a   8. c   9. b   10. c   11. a   12. c
13. b   14. b   15. a

Exercice 7

1. dissoudre   2. la dette (la perte)   3. la société à but non lucratif   4. l'actionnaire
5. la société anonyme   6. poursuivre   7. le revenu

CHAPITRE 13: Les impôts

Exercice 2

1. e   2. g   3. a   4. f   5. b   6. c   7. d   8. h

Exercice 3

1. public   2. nationale   3. Sociale   4. fédéral   5. gouvernement   6. source
7. original   8. période   9. situation   10. déduction   11. exemption

Exercice 4

1. banque   2. retenir   3. L'employé, salaire   4. intérêts   5. dette   6. différence

Exercice 5

1. l   2. k   3. j   4. h   5. g   6. i   7. f   8. e   9. d   10. c   11. b   12. a

Exercice 6

1. le trimestre   2. le contribuable   3. la personne à charge   4. le revenu brut
5. prélever   6. les impôts sur les sociétés   7. les impôts sur les revenus personnels
8. les impôts sur les biens immobiliers   9. les impôts sur les ventes
10. le revenu imposable

Exercice 7
1. d   2. e   3. i   4. h   5. a   6. f   7. b   8. g   9. c

Exercice 8
1. le compte individuel de retraite   2. le gain   3. la plus-value   4. la perte
5. la valeur de marché   6. prêter   7. le montant   8. la récupération du coût
9. le prix de vente

CHAPITRE 14: L'intérêt composé

Exercice 2
1. calculs   2. double   3. période   4. intérêts, dividendes   5. maximum   6. dollar

Exercice 3
1. la dette   2. approximatif   3. augmenter   4. diminuer   5. le nombre
6. le concept   7. le dollar   8. la portion   9. la totalité   10. le double

Exercice 4
1. c   2. f   3. g   4. a   5. i   6. m   7. b   8. n   9. e   10. k   11. d   12. l
13. j   14. h

Exercice 5
1. la valeur actuelle   2. la valeur future   3. le taux d'intérêt   4. le compte d'épargne
5. l'annuité   6. placer   7. le flux monétaire   8. l'intérêt composé   9. emprunter
10. s'acquitter de la dette   11. allouer

CHAPITRE 15: Les plans d'investissement

Exercice 2
1. le système top-down   2. le système bottom-up   3. la source   4. planifier
5. investir   6. réviser   7. le coût   8. la prospérité   9. la variation   10. analyser
11. la procédure   12. la documentation   13. évaluer   14. calculer

Exercice 3
1. q   2. o   3. p   4. n   5. m   6. l   7. k   8. j   9. i   10. h   11. g   12. f
13. e   14. d   15. c   16. b   17. a

Exercice 4
1. c   2. c   3. b   4. a   5. a   6. a   7. c   8. b   9. a   10. b

Exercice 5
1. g   2. i   3. d   4. k   5. l   6. o   7. b   8. a   9. m   10. n   11. c   12. f
13. h   14. j   15. e

Exercice 6
1. la politique fiscale   2. la prévision de ventes   3. le gestionnaire   4. le but
5. l'offre et la demande   6. à court terme   7. la documentation à l'appui
8. les données recueillies   9. le coût de production   10. l'équipement

CHAPITRE 16: Les états financiers

Exercice 2
1. format   2. situation   3. inventaire   4. circulation   5. obligation

Exercice 3
1. net   2. analyser   3. le revenu   4. réinvestir   5. accru   6. la dette
7. l'inventaire   8. évaluer   9. distribuer   10. le dividende

Exercice 4
    BILAN
Actif
Espèces
Valeurs négociables
Effets à recevoir
Stock
   Total: Actif réalisable
Installation et équipement, brut
Moins: Amortissement
Installation et équipement, net
   Total: Actif

Passif
Effets à payer
Bons à payer
Passif accru
Impôts à payer
   Total: Passif exigible
Hypothèque
Dettes à long terme
Capital propre
Bénéfices non distribués
   Total: Capital
   Total: Passif

Exercice 5
    ETAT DES RESULTATS
Ventes
Coût de marchandises vendues
Bénéfice brut
Frais d'exploitation
   Frais de ventes
   Frais généraux et de gestion
   Loyer
Revenu d'exploitation brut
Amortissement
Revenu d'exploitation net
Autre revenu et frais moins intérêts
Moins: frais d'intérêts
   Intérêt sur obligations
   Intérêt sur hypothèque
   Intérêt sur dette à court terme
Revenu net avant impôt
Impôt

Revenu net après impôt
Bénéfice par action

Exercice 6
1. f 2. i 3. b 4. n 5. q 6. a 7. j 8. r 9. c 10. h 11. o 12. d
13. g 14. e 15. k 16. m 17. l 18. p 19. s

Exercice 7
1. le revenu net 2. l'exercice 3. l'actif réalisable 4. la liquidité
5. les effets à payer 6. les effets à recevoir 7. les frais d'exploitation
8. la rentabilité

Chapitre 17: Planification et contrôle

Exercice 2
1. le matériel 2. la projection 3. le budget 4. l'installation 5. le personnel
6. le salaire 7. variable 8. l'unité 9. la commission

Exercice 3
1. d 2. f 3. h 4. a 5. j 6. b 7. e 8. n 9. c 10. i 11. l 12. g
13. m 14. k

Exercice 4
1. la rentabilité 2. le bénéfice net 3. les impôts sur les biens immobiliers
4. le compte de résultat 5. les recettes 6. le point d'équilibre 7. le ratio
8. le service des ventes 9. le loyer 10. facturer 11. le budget 12. l'entretien

Chapitre 18: Fusions et faillite

Exercice 2
1. c 2. e 3. d 4. f 5. b 6. a

Exercice 3
1. générer 2. hostile 3. amicale 4. réduction, production 5. administration

Exercice 4
1. la réorganisation 2. la liquidation 3. la restructuration 4. l'acquisition
5. le profit 6. la réduction 7. la production 8. le développement
9. la concentration 10. le financement

Exercice 5
1. e 2. d 3. h 4. a 5. j 6. b 7. g 8. f 9. c 10. i

Exercice 6
1. baisse 2. faillite 3. faillite, dépose 4. créanciers, faire face 5. fermeture
6. fusion

Chapitre 19: Finances internationales

Exercice 2
1. risque 2. international 3. multinationale 4. centrale 5. politiques 6. risque

Exercice 3
1. c   2. e   3. a   4. f   5. g   6. d   7. b

Exercice 4
1. e   2. c   3. a   4. d   5. b   6. h   7. f   8. g

Exercice 5
1. d   2. f   3. g   4. k   5. l   6. n   7. a   8. b   9. i   10. o   11. c   12. j
13. m   14. h   15. p   16. e

Exercice 6
1. devises   2. taux de change   3. échanges, marché   4. monnaie, monnaie
5. actifs immobilisés   6. usines, fabrique   7. emprunt   8. grosses sociétés
9. tarifs douaniers   10. maison mère, filiales   11. manque

FRENCH-ENGLISH VOCABULARY

A

à court terme   short-term
à l'encontre   against, counter
à l'étranger   abroad
à long terme   long-term
à peine   hardly
à peu près   approximately
aboutir   to end at, lead to
l'absence *f*   absence
acceptable   acceptable
l'accord *m*   agreement
accorder   to grant; to match
accru   accrued
l'achat *m*   purchase
acheter   to buy
l'acheteur *m*   buyer
achevé   completed
acquérir   to take over, acquire
l'acquisition *f*   takeover, acquisition
s'acquitter d'une dette   to pay off a debt
l'actif *m*   asset
l'actif corporel *m*   tangible asset
l'actif immobilisé *m*   fixed asset
l'actif incorporel *m*   intangible asset
l'actif réalisable *m*   current asset
l'action *f*   stock, share
l'action ordinaire *f*   common stock
l'action privilégiée *f*   preferred stock
l'actionnaire *m* or *f*   stockholder, shareholder
l'activité *f*   activity
l'activité économique *f*   business activity
actuellement   presently
l'addition *f*   addition
additionner   to add
l'adhérent *m*   member
adhérer   to belong to, join
administratif   administrative
l'administration *f*   administration

l'administration locale *f*   local government
aérien   air
l'aéroport *m*   airport
l'affaire *f*   business
affecter   to affect
l'affiliation *f*   membership, affiliation
l'affliction *f*   affliction
affligé   afflicted
l'Afrique *f*   Africa
l'agence *f*   agency
l'agence immobilière *f*   real estate agency
l'agent de change *m*   (exchange) broker
l'agent de maîtrise *m*   supervisor, foreman
agir   to act
l'agriculteur *m*   farmer
l'aide extérieure *f*   foreign aid
l'aide sociale *f*   public assistance
ailleurs   elsewhere
l'ajustement *m*   adjustment
ajuster   to adjust
alimenter   to feed, replenish
les allocations *f pl*   benefits
allouer   to allocate
l'alternative *f*   alternative
amasser   to gather together
l'amélioration *f*   improvement
améliorer   to improve
l'Amérique Latine *f*   Latin America
amical   friendly
l'amortissement *m*   amortization, depreciation
l'an *m*   year
l'analphabétisme *m*   illiteracy
analyser   to analyze
ancien   former
l'année *f*   year
l'annuité *f*   annuity, annual payment, installment

annuler   to cancel, annul
l'anticipation *f*   anticipation
anticiper   to anticipate
apparaître   to appear
appartenir   to belong
l'approbation *f*   approval
approuver   to approve
l'arbitrage *m*   arbitration
l'argent *m*   money
l'argent liquide *m*   cash
l'arme *f*   weapon
l'armée *f*   army
l'arrêt du travail *m*   work stoppage
arriver   to happen
l'article *m*   article
l'article de luxe *m*   luxury item
l'artisan *m*   craftsman
artistique   artistic
l'Asie *f*   Asia
l'assignation *f*   assignment
assister à   to witness, be present at
l'association patronale *f*   trade association
l'associé *m*   partner, associate
l'assurance *f*   insurance
l'assurance incendie *f*   fire insurance
l'assurance vie *f*   life insurance
l'assurance vol *f*   theft insurance
l'assuré(e) *m* or *f*   insured person
assurer   to ensure, assure
l'atelier *m*   workshop, studio
l'attaque *f*   attack
atteint   stricken, hit
au lieu de   instead of
l'augmentation *f*   increase
augmenter   to increase, augment
l'autofinancement *m*   ploughing back in of funds, putting back of profits
autoritaire   authoritarian, authoritative
l'autorité *f*   authority
l'autoroute *f*   highway
autre   other
l'avantage *m*   advantage
l'avenir *m*   future
aveugle   blind
l'avion *m*   airplane
avoir à repondre   to be responsible
avoir lieu   to take place
avoir trait à   to refer to, have to do with
l'axe *m*   axis

B

la baisse   lowering, reduction
la baisse d'impôts   lowering of taxes
baisser   to lower, go down
la balance   balance
la balance des paiements   balance of payments
bancaire   bank
la banque   bank
la banque commerciale   commercial bank
la banque d'affaires   business bank
la banque de crédit   credit bank
la banque de dépôt   deposit bank
la banque de type mutualité   mutual bank
la banque d'état   state bank
la Banque mondiale   World Bank
la banque nationale   national bank
le banquier   banker
le baril   barrel
la barre   bar
bas   low
le bas   low
baser   to base
le bâtiment   building
la bauxite   bauxite
le bénéfice   profit, allowance
le bénéfice brut   gross margin
le bénéfice net   net profit
le bénéfice par action   earnings per share
les bénéfices non distribués *m pl*   retained earnings
bénéficier   to benefit
bénéfique   beneficial
le besoin   need
la bibliothèque   library
le bien   good
les biens complémentaires *m pl*   complementary products
les biens et services *m pl*   goods and services
les biens immobiliers *m pl*   real estate
les biens immobilisés *m pl*   fixed assets
les biens privés *m pl*   private goods
les biens publics *m pl*   public goods
la bière   beer
le bilan   balance sheet
le billet   bill (money)

le **billet à ordre**   promissory note
le **billet de banque**   bank note
le **billion**   trillion
le **bois**   wood
la **boisson alcoolisée**   alcoholic beverage
le **bon**   bond, note
le **bon d'épargne**   savings bond
le **bon du gouvernement**   government bond
le **bon du Trésor**   Treasury bond
bon marché   inexpensive, cheap
les **bons d'alimentation** *m pl*   food stamps
le **bordereau de versement**   deposit slip
la **Bourse**   stock market
la **bourse des valeurs**   securities market
le **boycottage**   boycott
la **branche**   branch
le **brevet**   patent
le **brise-grève**   strike breaker, scab
le **budget**   budget
le **budget détaillé**   itemized budget
budgétaire   budget, budgetary
le **bureau**   office
le **but**   goal

C

le **cacao**   cocoa
le **cadeau**   gift
le **cadre**   setting, framework; executive, manager
le **café**   coffee
la **caisse**   fund, savings bank
la **caisse d'emprunt**   loan association
la **caisse d'emprunt-épargne**   savings and loan association
la **caisse d'épargne**   savings bank
la **caisse de retraite**   pension fund
calculer   to calculate
la **caméra de cinéma**   movie camera
la **caméra vidéo**   video camera
le **camion**   truck
la **camionnette**   van
capable   capable
la **capacité**   capacity, ability
le **capital**   capital, equity
le **capital propre**   stockholders' equity
le **capital universel**   universal capital
le **capitalisme**   capitalism
la **caractéristique**   characteristic
le **carnet de chèques**   checkbook

la **carte de crédit**   credit card
le **cas**   case
la **catégorie**   category
causer   to cause
céder   to give up
CEI (Communauté des états indépendants) *f*   CIS (Commonwealth of Independent States)
la **centaine**   hundred
centralisé   centralized
le **certificat de dépôt**   certificate of deposit
le **changement**   change
chaque   every, each
chargé   in charge of
la **charité**   charity
le **chef**   head, chief
le **chef de service**   department head
le **chemin de fer**   railroad
le **chèque**   check
le **chéquier**   checkbook
cher   expensive
chercher du travail   to look for work
le **chiffre**   figure, number
le **choix**   choice
le **chômage**   unemployment
le **chômage conjoncturel**   cyclical unemployment
le **chômage frictionnel**   frictional unemployment
le **chômage structurel**   structural unemployment
le **chômage technologique**   technological unemployment
le **chômage temporaire**   seasonal unemployment
le **chômeur**   unemployed person
la **chose**   thing
la **circonstance**   circumstance
circulant   in circulation
la **circulation**   circulation
clair   clear
classique   classical
le **client**   client
le **climat**   climate
le **code de faillite**   bankruptcy code
le **coefficient**   coefficient, ratio
le **coefficient de capitalisation des résultats**   price-per-share earnings

collectif collective
la colonie colony
le colonisateur colonizer
la colonne column
la combinaison combination
combiner to combine
le comité committee
le comité directeur managing committee
le commerce business, trade, commerce
commercial commercial
la commission commission
la Commission fédérale de réserve Federal Reserve Board
la commodité convenience
commun common
communiquer to communicate
le communisme communism
la compagnie company
la compagnie d'assurances insurance company
comparer to compare
compenser to compensate
la compétition competition
la compétitivité competitiveness
complémentaire complementary
les complémentaires *m pl* complementary products
compliqué complicated
le comportement behavior
se comporter to behave
compréhensible comprehensible
la comptabilité accounting
le comptable accountant
le compte account
le compte à intérêts interest-bearing account
le compte à préavis forecast account
le compte à terme time account
le compte à vue day-to-day account, demand account
le compte capital capital account
le compte chèques checking account
le compte courant checking account, current account
le compte d'épargne savings account
le compte des opérations operating account

le compte des opérations courantes current (operating) account
le compte des opérations en capital capital (operating) account
le compte en banque bank account
le compte individuel de retraite individual retirement account
le compte IRA IRA account
compte tenu taking into account
compter to number
la concentration concentration
concerné concerned
concerner to concern
conclure un accord to enter into an agreement
la concurrence competition
la concurrence imparfaite monopolistic competition
la concurrence parfaite pure competition
le concurrent competitor
la condition condition
le conflit conflict
congédier to lay off
le conglomérat conglomerate
consacrer to devote
le conseil d'administration board of directors
conserver to conserve
considérer to consider
le consommateur consumer
la consommation consumption
consommer to consume, use
constant constant
constituer to make up, constitute
la construction construction
construire to build, construct
la contingence contingency
continu continuous
le contrat contract
contrecarrer to counteract
le contremaître foreman
le contribuable taxpayer, contributor
contribuer to contribute
la contribution contribution
le contrôle control
le contrôle aérien air traffic control
contrôlé controlled
contrôler to control

le contrôleur   controller, comptroller
la convention collective   collective bargaining
convoité   desired
la coopérative de crédit   credit union
coordonner   to coordinate
le cordon de piquets   picket line
coréen   Korean
correspondant   corresponding
correspondre   to correspond
corriger   to correct
la courbe   curve
courir des risques   to take risks
les cours des actions *m pl*   stock quotations, prices
le coût   cost
le coût de capital   capital cost
coûter   to cost
couvrir les frais   to cover expenses
le créancier   creditor
la création   creation
créer   to create
le creux   trough
la crise   crisis
la crise économique   depression
le critère   criterion
la croissance   growth
la croissance économique   economic growth
le cuivre   copper
le cycle commercial   business cycle
le cycle économique   business cycle

D

la date d'échéance   maturity date, due date
de taille   sizable
le débiteur   debtor
débuter   to start out
la décennie   decade
le décès   death
décider   to decide
la décision   decision
la déclaration d'impôt   tax return
la découverte   discovery
découvrir   to discover
décrire   to describe
la déduction standard   standard deduction

les déductions détaillées *f pl*   itemized deductions
déduire   to deduct
la défense nationale   national defense
le déficit   deficit
définir   to define
définitif   final
le degré   degree
dégressif   degressive
le délai   time limit
le départ   beginning
dépasser   to exceed
dépendre   to depend
la dépense   expense, expenditure
dépenser   to spend
se déplacer   to shift, change position
déposer   to deposit
déposer son bilan   to file for bankruptcy
le dépôt   deposit
le dépôt à vue   demand deposit
la dépréciation   depreciation
la dépression   depression
le désavantage   disadvantage
le désir   desire
destiné à   intended to
déterminant   determining
déterminer   to determine
la dette   debt
la dette publique   national debt
dévaluer   to devalue
déverser   to spill
la déviation   deviation, change
la devise   currency, foreign currency
le différend   difference
différent   different
difficile   difficult
la difficulté   difficulty
diminuer   to go down, lower, decrease
la diminution   decrease
le directeur   manager, director
directeur   managing
la direction   management
diriger   to manage, run
dispensé   spent
la disponibilité   availability
disponible   available
disposé   inclined, disposed
disposer de   to have available
dissoudre   to dissolve

dissout   dissolved
distribuer   to distribute
la distribution   distribution
divers   various, diverse
diversifier   to diversify
le dividende   dividend
diviser   to divide
divisible   divisible
la division géographique   geographic division
le divorce   divorce
la documentation à l'appui   supporting documents
le domaine   field, domain
le domicile   domicile
dominant   dominant
les dommages *m pl*   damages
le don   gift
les données financières *f pl*   financial data
les données recueillies *f pl*   collected data
donner   to give
la dotation aux amortissements depreciation allowance
le droit de douane   customs duty
la droite   right (-hand side)
dur   hard, harsh
la durée   duration, length
durer   to last

E

échanger   to exchange
l'échéance *f*   maturity (date)
l'école *f*   school
l'écolier *m*   pupil
l'économie *f*   economy
l'économie de la liberté du marché *f* free-market economy
l'économie de marché *f*   market economy
les économies *f pl*   savings
économique   economic, economical
économiser   to save, economize
l'économiste *m*   economist
s'écouler   to elapse
l'éducation *f*   education
effectuer   to make, carry out
l'effet *m*   effect
les effets à payer *m pl*   accounts payable
les effets à recevoir *m pl*   accounts receivable

les effets de commerce *m pl*   commercial (negotiable) instruments
les effets exigibles *m pl*   accounts payable
l'efficacité *f*   efficiency
égal   equal
également   also, likewise
l'élection *f*   election
l'électricité *f*   electricity
l'élevage *m*   stock farming
l'élève *m or f*   student
élevé   high
l'élimination *f*   elimination
éliminer   to eliminate
élire   to elect
s'éloigner de   to move away from
élu   elected
embaucher   to hire
émettre   to issue
émettre un titre   to issue a bond
l'émission *f*   issuance
empêcher   to prevent, hinder
l'emploi *m*   employment, job
l'employé *m*   employee
l'emprunt *m*   loan
emprunter   to borrow
en attente de   waiting for
en bas   on the bottom
en voie de développement   developing
encaisser   to cash
encourager   to encourage
encourir   to incur
encourir un risque   to take a chance, incur risk
l'endroit *m*   place
l'énergie *f*   energy
l'engagement *m*   commitment, obligation
engager   to hire
engendrer   to engender, incur
enregistrer   to register, record
l'enseignement *m*   education
l'ensemble *m*   whole
l'entité commerciale *f*   business entity
l'entité juridique *f*   legal entity
entraîner   to train; engender, bring about, entail
l'entreprise *f*   business, company, firm
l'entreprise commerciale *f*   business enterprise

l'entreprise de propriété individuelle *f* privately owned business
l'entreprise privée *f* private enterprise
l'entretien *m* upkeep, maintenance
l'environnement *m* environment
l'épargne *f* saving
épuisable nonrenewable, exhaustible
l'équilibre *m* balance
l'équipement *m* equipment
équitable equitable, fair
l'escompte *m* discount
l'esprit *m* mind
essayer to attempt, try
l'essence *f* gasoline
l'essor *m* surge, boom
établir to establish, draw up
l'état *m* state, statement, condition
l'état des résultats *m* profit and loss statement
l'état financier *m* financial statement
les Etats-Unis *m pl* United States
éternel eternal
étranger foreign
l'étude *f* study
évaluer to evaluate
éventuel possible, potential
évidemment evidently, obviously
évident evident
éviter to avoid
l'examen *m* examination
l'excédent *m* surplus
l'exemple *m* example
l'exemption *f* exemption
exercer to exert
l'exercice *m* fiscal period
exigeant demanding
l'expérience *f* experience
l'expert-comptable *m* certified public accountant
l'expert-comptable public *m* certified public accountant
expliquer to explain
l'exportation *f* export, exportation
exporter to export
l'extérieur *m* outside

F

le fabricant manufacturer
la fabrication manufacture

fabriquer to manufacture, make
facile easy
la facilité ease
faciliter to facilitate
la façon way
le facteur factor
facturer to bill, invoice
faible weak
la faillite bankruptcy, failure
la faillite économique economic bankruptcy
la faillite financière financial bankruptcy
faire appel à to call upon
faire du commerce to trade
faire face à to confront, face
le fait fact
familial family
le fascisme fascism
la ferme farm
la fermeture closing
la filiale subsidiary
la fin end, purpose
la finance finance
le financement financing
financer to finance
financier financial
fixe fixed
fixer to establish, fix
la flexibilité flexibility
le flot flow
la fluctuation fluctuation
fluctuer librement to fluctuate freely
le flux d'investissements investment flow
le flux financier cash flow
le flux monétaire cash flow
la fonction function
le fonctionnement functioning
fonctionner to function
le fond foundation
fondé sur founded on
fonder to base
le fonds fund, funds, funding
le Fonds monétaire international International Monetary Fund
la formation training
la formule formula
fournir to furnish, supply, provide
le fournisseur supplier

le frais   charge, expense
les frais de déplacement *m pl*   relocation expenses
les frais d'exploitation *m pl*   operating expenses
les frais fixes *m pl*   fixed expenses
les frais variables *m pl*   variable expenses
la franchise   deductible (amount)
frappant   striking
fréquemment   frequently
fréquent   frequent
la fusion   merger
fusionner   to merge
le futur   future

G

gagner   to earn, win
le gain   gain, profit
les gains et les pertes   profit and loss
la gamme   range, gamut
garantir   to guarantee
garder   to keep
garder en tête   to keep in mind
la gauche   left
le gaz naturel   natural gas
le géant   giant
générer   to generate
le genre   type
les gens du troisième âge *m pl*   senior citizens
gérer   to manage, direct
la gestion   management
le gestionnaire   manager
le goût   taste
le gouvernement   government
gouvernemental   governmental
grâce à   thanks to
la Grande-Bretagne   Great Britain
gratuit   gratis, free
la grève   strike
la grève perlée   work slowdown
le gréviste   striker
gros   large, great
le gros revenu *m*   high income
le groupe   group

H

habillé   dressed
l'habitant *m*   inhabitant

l'habitude *f*   habit
la hausse   rise, increase
haut   high
le haut   high
l'héritage *m*   inheritance
le holding   holding company
homologue de   synonymous with
honorer   to honor
hors marché   over the counter
hostile   hostile
humain   human
l'humanité *f*   humanity
l'hypothèque *f*   mortgage

I

l'idée *f*   idea
identique   identical
l'idéologie *f*   ideology
illégal   illegal
illégalement   illegally
illimité   unlimited
imaginer   to imagine
l'immobilisation *f*   fixed asset
impliquer   to implicate
l'importance primordiale *f*   utmost importance
l'importateur *m*   importer
l'importation *f*   importation, import
importer   to import
imposable   taxable
imposer   to impose, levy, tax
l'impôt *m*   tax
l'impôt de l'état *m*   state income tax
l'impôt foncier *m*   property tax
l'impôt local *m*   local tax
l'impôt sur les revenus personnels *m*   personal income tax
l'impôt sur les ventes *m*   sales tax
les impôts fédéraux *m pl*   federal taxes
les impôts sur les biens immobiliers *m*   property taxes
les impôts sur les sociétés *m pl*   corporate taxes
imprévisible   unforeseeable
l'incendie *m*   fire
inciter   to encourage
inclure   to include
incontrôlable   uncontrollable
l'inconvénient *m*   disadvantage

l'indemnité *f*   indemnity, compensation
indépendamment   independently
indépendant   independent
l'indication *f*   indication
l'indigent *m*   poor person
indiquer   to indicate
l'individu *m*   person, individual
industrialisé   industrialized
l'industrie *f*   industry
industriel   industrial
l'industriel *m*   industrialist
l'inégalité *f*   inequality
inférieur   inferior, lower, less
l'inflation *f*   inflation
l'influence *f*   influence
influencer   to influence
l'infrastructure *f*   infrastructure
l'injonction *f*   injunction
inscrire   to enter, write
l'installation *f*   plant
l'insuffisance *f*   deficiency, insufficiency,
   shortage
l'intensité *f*   intensity
l'interaction *f*   interaction
l'interdépendance *f*   interdependence
s'intéresser   to be interested
l'intérêt *m*   interest
l'intérêt composé *m*   compound interest
l'intermédiaire *m*   agent, intermediary
interpréter   to interpret
intervenir   to intervene
l'intervention *f*   intervention
l'intervention du gouvernement *f*
   government intervention
l'inventaire *m*   inventory
l'invention *f*   invention
investir   to invest
l'investissement *m*   investment
l'investissement original *m*   initial
   investment
l'investisseur *m*   investor
invoquer   to invoke
l'issue *f*   outcome

J

le Japon   Japan
joint   joint
le juge   judge
juridique   legal

L

laisser   to let, allow
lancer un emprunt   to borrow
légal   legal
lent   slow
le levier   leverage
la liberté du marché   freedom of the
   marketplace
le libre-échange   free trade
licencier   to lay off
lié à   aligned with; tied to
le lieu   place
le lieu de travail   workplace
la ligne aérienne   airline
la limite   limit
limité   limited
limiter   to limit
les limites de la légalité *f pl*   limits of the
   law
la liquidité   liquidity
la livre sterling   pound sterling
le livret de caisse d'épargne   passbook
le local   premises
la localité   place, spot
la location   rental
le logement   lodging
le logement subventionné   subsidized
   housing
la loi   law
la loi de la demande   law of demand
la loi de l'offre   law of supply
la longévité   longevity
la loterie   lottery
le loyer   rent, lease
le luxe   luxury

M

le machiniste   machinist
la macroéconomie   macroeconomics
le magasin   store
la main-d'œuvre   manpower
maintenir   to maintain
la maison   house
la maison mère   parent company
majeur   major
la majorité   majority
la manière   manner
le manque à gagner   cost of opportunity
manufacturé   manufactured

le **marchand**   merchant
la **marchandise**   merchandise
le **marché**   market, marketplace
le **marché de devises**   foreign exchange
   market
le **marché des capitaux**   capital market,
   financial market
le **marché des facteurs**   factors market
   le **marché des valeurs**   stock market
le **marché du change**   foreign exchange
   market
le **marché du travail**   job market
le **marché financier**   financial market
le **marché libre**   free market
le **marché mondial**   world market
le **marché monétaire**   money market
le **marché noir**   black market
le **marché primaire**   primary market
le **marché secondaire**   secondary market
la **marge brute**   gross margin
la **marine**   navy
la **marque**   brand, trademark
la **marque déposée**   registered
   trademark
le **matérial**   material
le **matériel**   equipment, machinery
la **matière**   subject, matter
la **matière première**   raw material
le **maximum**   maximum
mécanique   mechanical
le **mécanisme**   mechanism
meilleur marché   cheaper
le **membre**   member
même   same
mensuel   monthly
la **mesure**   measure
mesurer   to measure
la **méthode**   method
le **métier**   trade
mettre   to put, place
se **mettre d'accord**   to agree
mettre en jeu   to bring into play
mettre en valeur   to emphasize
mettre en vente   to put up for sale
mettre ensemble   to put together
les **meubles** *m pl*   furniture
la **microéconomie**   microeconomics
le **milliard**   billion
le **millier**   thousand

le **million**   million
minéral   mineral
mixte   mixed
le **modèle**   model
modéré   moderate
moderniser   to modernize
la **modification**   modification
moindre   least
moins   less, minus
la **moitié**   half
le **monde des affaires**   business world
le **monde du commerce**   business world
mondial   world
monétaire   monetary
le **moniteur de ski**   ski instructor
la **monnaie**   currency
la **monnaie de papier**   paper money
la **monnaie légale**   legal tender
le **monopole**   monopoly
le **montant**   total, sum
monter   to go up
montrer   to show
moyen   average, mean
le **moyen d'échange**   means of exchange
le **moyen de communication**   means of
   communication
le **moyen de transport**   means of
   transport
la **moyenne**   average
les **moyens de production** *m pl*   means of
   production
multiplier   to multiply
la **municipalité**   municipality
la **mutuelle**   mutual company

N

national   national
néanmoins   nonetheless
nécessaire   necessary
la **nécessité**   necessity, need
néfaste   harmful
négatif   negative
négociable   negotiable
négocier   to negotiate
le **niveau**   level
le **niveau d'équilibre**   breakeven point
le **niveau de vie**   standard of living
le **nombre**   number
nombreux   numerous

nommer to name
nord-américain North American
la norme norm
la nourriture food
nucléaire nuclear

O

l'objectif *m* objective
l'objet *m* object
l'obligation *f* bond, debenture, note
obliger to obligate, require
obtenir to obtain
l'occasion *f* opportunity
s'occuper de to attend to, see to
l'octroi *m* granting
l'offre *f* offer
l'offre et la demande *f* supply and demand
offrir to offer
l'oligopole *m* oligopoly
opérer to operate
l'opinion *f* opinion
l'option *f* option
l'ordinateur *m* computer
l'organisation *f* organization
original original
l'outillage *m* machinery, tools, gear, equipment
outre besides
l'ouvrier *m* worker
l'ouvrier en bâtiment *m* construction worker

P

le paiement payment
le paiement des impôts tax payment
par conséquent as a result
par procuration by proxy
la parcelle de terrain lot
partager to share
la participation participation
participer to participate
le particulier individual
la partie part, share; party
partiel partial
partout everywhere
passer to go, pass
se passer to happen, take place
le passif liability

le passif accru accrued expenses
le passif exigible current liability
le patron boss
pauvre poor
payer to pay
le pays industrialisé industrialized country
la pénalité penalty
la pension de divorce alimony
la pente slope
la pénurie shortage
percevoir to perceive; to collect
perdre to lose
la période period
la période de remboursement payback period
permettre to allow, permit
la personnalité juridique legal-entity status
la personne person
la personne à charge dependent
la personne en nécessité needy person
la personne juridique legal entity
la personne physique physical person
la perte loss
le pétrole oil
le pétrolier oil tanker
le peuple people
le phénomème phenomenon
la pièce coin
le placement investment
placer to invest
le plan d'investissement capital budget, investment plan
la planification planning
planifier to plan
le plein emploi full employment
plus près closer
la plus-value (en capital) capital gain
plutôt rather, instead
le point d'équilibre breakeven point
la police policy; police
la politique policy, politics
politique political
la politique fiscale fiscal policy
la politique monétaire monetary policy
la population population
la population active labor force

porter   to carry, bear; enter
porter atteinte à   to interfere with, affect
porter préjudice à   to inflict injury or loss on
le porteur   bearer, holder
poser une question   to ask a question
positif   positive
posséder   to possess
le possesseur   possessor
la possibilité   possibility, capability
la possibilité de production   production capability
la poste   post office
le poste   job, position
potentiel   potential, prospective
le pourboire   tip
le pourcentage   percentage
poursuivre   to sue
pousser   to push, stimulate
pouvoir   to be able to
précédent   preceding
précis   precise, exact
prélever   to collect, levy, charge, deduct
premier   first; primary
prendre part   to take part
prendre une décision   to make a decision
le président   president, chairman
le président-directeur général (PDG)   chief executive officer (CEO)
le président du conseil d'administration   chairman of the board
le prêt   loan
prêter   to lend
prévenir   to warn, notify
la prévision des ventes   sales forecast
prévoir   to foresee
la prime   premium; commission
primordial   very important
principal   principal, main
le principe   principle
le principe de base   basic principle
le principe de bénéfice   benefit principle
le principe de capacité de payer   ability-to-pay principle
le principe de l'exclusion   principle of exclusion
le principe de la productivité   productivity principle

le principe du moindre mal possible   least-possible-harm principle
la prise de décisions   decision making
privé   private
le prix   price
le prix de détail   retail price
le problème   problem
la procuration   proxy
procurer   to procure
le producteur   producer
productif   productive
la productivité   productivity
produire   to produce
le produit   product
le produit de remplacement   replacement part
le produit fini   finished product
le produit manufacturé   manufactured product
le produit national brut   gross national product
professionnel   professional
le profit   profit
le programme de motivation   incentive program
le progrès   progress
progressif   progressive
le projet   project
promulguer   to promulgate
le pronostic   forecast
la proportion   proportion
proportionnellement   proportionally
le propriétaire   owner
la propriété   property
la propriété collective   collective property
la propriété individuelle   private ownership
la propriété privée   private property
la protection de l'environnement   environmental protection
le protectionnisme   protectionism
protectionniste   protectionist
protéger   to protect
provenir de   to come from
les provisions *f pl*   funds
provoquer   to provoke, bring about
le psychologue   psychologist
le publiciste   publicist, advertising agent

pur   pure
purement   purely

Q

la qualité   quality
la quantité   quantity
le quart   quarter
quelque chose   something
la question   question
le quota   quota

R

racheter   to buy back, redeem
radicalement   radically
la radio   radio
la raison   reason
ralentir   to slow down
le ralentissement   slowing down
rappeler   to remember
le rapport   relationship
rapporter   to return; bear, yield
se rapprocher de   to approach,
    approximate
la rareté   scarcity
le ratio   ratio
le ratio de croissance   growth ratio
le ratio de levier   leverage ratio
le ratio de liquidité   liquidity ratio
le ratio de rentabilité   profitability
    ratio
réagir   to react
réaliser un profit   to make a profit
la récession   recession
la recette   income, receipt
les recettes et les dépenses *f pl*   receipts
    and expenses
recevoir   to receive
la recherche   search, research
la réclamation   claim, demand
réclamer   to demand
la recommandation   recommendation
reconnaître   to recognize
le recours   recourse
recourir à   to have recourse to
recueillir   to collect
la récupération de coût   cost recovery
la récurrence   recurrence
la réduction   reduction
réduire   to reduce

le réfrigérateur   refrigerator
refuser   to refuse
la région   region, area
régir   to govern, rule
la règle   rule
le règlement   regulation
réglementer   to regulate
régler   to regulate, control
regrouper   to bring together
rejeter   to reject, disapprove
la relation   relation, relationship
le relevé   bank statement, summary,
religieux   religious
remarquer   to notice
remplacer   to replace
remplir   to fill out
rencontrer   to meet
le rendement   return
rendre   to render, make
rendre comptes   to render accounts
renégocier   to renegotiate
renouvelable   renewable,
    replenishable
les renseignements *m pl*   information
renseigner   to inform
la rentabilité   profitability
la rente   revenue, income
la rentrée   return
la répartition   distribution
répondre   to respond, answer
la réponse   response, answer
représenter   to represent
la reprise   recovery
la requête   request, petition
le réseau   network
les réserves d'or *f pl*   gold reserves
résoudre   to resolve
la responsabilité   responsibility
responsable   responsible, in charge
la ressource   resource
rester   to stay, remain
restreindre   to restrain
le résultat   result
résulter   to result
le retrait   withdrawal
le retraité   retired person
se retrouver   to find itself again
la réunion   meeting
réunir   to combine, put together

revendiquer   to claim, demand, insist on (rights)
le revenu   income
le revenu annuel moyen   mean annual income, average annual income
le revenu brut   gross income
le revenu faible   low income
le revenu imposable   taxable income
les revenus *m pl*   revenu, income
le rigorisme   rigor
le risque   risk
risqué   risky
la rivalité   rivalry
le rôle   role

S

sacrifier   to sacrifice
le salaire   salary, wage
le salaire minimum   minimum wage
le salarié   wage earner
sanctionner   to sanction, approve
sans cesse   nonstop
la satisfaction   satisfaction
satisfaire   to satisfy
sauf   except
sauvegarder   to safeguard
le schéma   graph
le (la) secrétaire   secretary
le secrétaire du Trésor   Secretary of the Treasury
le secteur   sector
le secteur privé   private sector
la sécurité   security
la Sécurité Sociale   Social Security
selon   according to
la semaine   week
semblable   similar
le Sénat   U.S. Senate
le sénat   senate
la série   series
le service   service; department
le service des ventes   sales department
le service social   social service
le seuil de rentabilité   breakeven point
la séverité   severity
le siècle   century
le sigle   abbreviation, acronym
le socialisme   socialism
la société   company, corporation

la société à but non lucratif   not-for-profit organization
la société anonyme   corporation
la société collective   partnership
la société collective limitée   limited partnership
la société de placement   mutual fund
le sociologue   sociologist
le solde   balance; total, sum
le solde créditeur   credit balance
la somme   sum
le sommet   peak
la sorte   sort
souhaiter   to wish
soumettre   to submit, subject
la source   source; spring (of water)
soustraire   to subtract
souvent   often
se spécialiser   to specialize
spécifier   to specify
la spéculation boursière   market speculation
stabiliser   to stabilize
la stabilité   stability
la stabilité du travail   labor stability, job security
stable   stable
le stockage   storage, stocking
la subdivision   subdivision
subir   to undergo
le subside   subsidy
substantiel   substantial
substituer   to substitute
le substitut   substitute
le substitutif   substitute
subventionné   subsidized
la succursale   branch
suffisant   sufficient
supérieur   greater, higher
le supérieur   superior, manager
supplémentaire   supplemental
supposer   to suppose
susceptible de   liable to, likely to
le syndicat   union
le syndicat de métier   trade union
le syndicat ouvrier   workers' union, trade union
la synergie   synergy
le système   system

le système bottom-up   bottom-up system
le système comptable   accounting system
le Système fédéral de réserve   Federal Reserve System
le système top-down   top-down system

T

le tabac   tobacco
le tableau   table, chart
la tâche   task
tarder   to be late
le tarif   tariff
le tarif douanier   import duty, customs duty
le taux de change   exchange rate
le taux de chômage   unemployment rate
le taux de coupon   coupon rate
le taux d'emploi   employment rate
le taux de rentabilité   profit rate, rate of return
le taux de rentabilité moyen   return on investment (ROI)
le taux d'escompte   discount rate
le taux d'espérance de vie   life expectancy
le taux d'imposition   tax rate
le taux d'intérêt   interest rate
le taux de rendement   rate of return (on an investment)
la taxe   tax
le technicien   technician
technique   technical
la technologie   technology
tel que   such as
le télécopieur   fax machine
le télégraphe   telegraph
le téléphone   telephone
le téléviseur   television set
tellement   so much
temporaire   temporary
la tendance   tendency
tenir compte   to take into account
la tenue des livres   bookkeeping
la terre   land
la théorie   theory
un tiers   third party
le tiers-monde   third world
tirer un revenu   to derive an income

le titre (de valeur)   bond, note
le titre du gouvernement   government bond
le titre municipal   municipal bond
le titulaire   owner
tolérer   to tolerate
la tonne   ton
total   total
la totalité   total
toucher   to reach, touch, affect; cash
le train   train
traiter   to treat, have to do with
le transfert en espèces   cash transfer
le transfert en nature   transfer in kind
transformer   to transform
le transport   transportation, shipping, transport
transportable   transportable
le travail   work
le travail manuel   manual labor
le travailleur   worker
le trésorier   treasurer
le tribunal   court
le trimestre   quarter
trimestriel   quarterly
trimestriellement   quarterly
le troc   barter
trouver   to find
le type   type

U

l'union f   union
unique   single, lone
s'unir   to unite
l'unité f   unit
l'usage m   usage, use
l'usine f   factory
utile   useful
l'utilisation f   use, utilization

V

la valeur   value
la valeur actuelle   present value
la valeur de marché   market value
la valeur future   future value
la valeur nominale   face value
la valeur présente nette   present net value
la valeur temporaire   time value

la valeur temporaire de l'argent time value of money

les valeurs *f pl* securities

les valeurs mobilières *f pl* stocks and bonds

les valeurs négociables *f pl* negotiable instruments

les valeurs réalisables *f pl* receivables

valoir to be worth

la valorisation maximum maximum valorization, profit maximization

variable variable

la variation variation

varier to vary

le vendeur seller, vendor, sales representative

vendre to sell

venir to come

la vente sale

les ventes *f pl* sales

vérifier to check, verify

véritable true

la vérité truth

vers toward

le versement deposit

verser to deposit

le vin wine

viser to aim

le vote vote

vouloir to want, demand

Y

le yacht yacht

ENGLISH-FRENCH VOCABULARY

A

ability-to-pay principle   le principe de capacité de payer
abroad   à l'étranger
absence   l'absence *f*
acceptable   acceptable
according to   selon
account   le compte
accountant   le comptable
accounting   la comptabilité
accounting system   le système comptable
accounts payable   les effets exigibles *m pl*, les effets à payer *m pl*
accounts receivable   les effets à recevoir *m pl*
accrued   accru
accrued expenses   le passif accru
acquire   acquérir
acquisition   l'acquisition *f*
act   agir
activity   l'activité *f*
add   additionner
addition   l'addition *f*
adjust   ajuster
adjustment   l'ajustement *m*
administration   l'administration *f*
administrative   administratif
advantage   l'avantage *m*
advertising agent   le publiciste
affect   affecter
afficted   affligé
affliction   l'affliction *f*
Africa   l'Afrique *f*
against   à l'encontre
agency   l'agence *f*
agent   l'agent *m*, l'intermédiaire *m*
agree   se mettre d'accord
agreement   l'accord *m*
aim   viser
air traffic control   le contrôle aérien
airline   la ligne aérienne

airplane   l'avion *m*
airport   l'aéroport *m*
alcoholic beverage   la boisson alcoolisée
aligned with   lié à
alimony   la pension de divorce
allocate   allouer
allow   permettre
alternative   l'alternative *f*
amortization   l'amortissement *m*
analyze   analyser
annuity   l'annuité *f*
answer   la réponse
anticipate   anticiper
anticipation   l'anticipation *f*
approval   l'approbation *f*
approve   approuver
approximately   à peu près
arbitration   l'arbitrage *m*
area   la région
army   l'armée *f*
article   l'article *m*
artistic   artistique
Asia   l'Asie *f*
ask a question   poser une question
asset(s)   l'actif *m*
assignment   l'assignation *f*
assure   assurer
attack   l'attaque *f*
attend to   s'occuper de
authoritarian   autoritaire
availability   la disponibilité
available   disponible
average   moyen
average   la moyenne
avoid   éviter

B

balance   la balance; l'équilibre *m*; le solde
balance of payments   la balance des paiements

balance sheet   le bilan
bank   la banque
bank   bancaire
bank account   le compte en banque
bank statement   le relevé
banker   le banquier
banknote   le billet de banque
bankruptcy   la faillite
bankruptcy code   le code de faillite
barter   le troc
base   baser
basic principle   le principe de base
bauxite   la bauxite
be able to   pouvoir
be interested   s'intéresser
be late   tarder
be worth   valoir
bearer   le titulaire
beer   la bière
behave   se comporter
behavior   le comportement
belong   appartenir; adhérer
benefit   bénéficier
benefits   les allocations *f pl*, les prestations *f pl*
between   entre
bill   la facture; le billet *(money)*
bill   facturer
billion   le milliard
black market   le marché noir
blind   aveugle
board of directors   le conseil d'administration
bond   le bon, l'obligation *f*, le titre
bookkeeping   la tenue des livres
borrow   emprunter
boss   le patron
bottom-up system   le système bottom-up
boycott   le boycottage
branch   la branche
brand   la marque
breakeven point   le niveau d'équilibre, le point d'équilibre, le seuil de rentabilité
bring about   entraîner
bring into play   mettre en jeu
bring together   regrouper
broker   le courtier
budget   le budget
budgetary   budgétaire

build   construire
building   le bâtiment
business   l'affaire *f,* le commerce, l'entreprise *f*
business cycle   le cycle commercial, le cycle économique
business enterprise   l'entreprise *f*
business world   le monde des affaires, le monde du commerce
buy   acheter
buy back   racheter
buyer   l'acheteur *m*
by proxy   par procuration

C

calculate   calculer
call upon   faire appel à
cancel   annuler
capable   capable
capacity   la capacité
capital   le capital
capital account   le compte capital, le compte des opérations en capital
capital budget   le plan d'investissement
capital budgeting   la procédure de choix d'investissement
capital cost   le coût de capital
capital gain   la plus-value
capital market   le marché du capital
capitalism   le capitalisme
carry out   effectuer
cash   l'argent liquide *m,* les espèces *f pl*
cash   encaisser, toucher
cash flow   le flux financier, le flux monétaire, le cash-flow
cash transfer   le transfert en liquide
category   la catégorie
cause   causer
centralized   centralisé
century   le siècle
certificate of deposit   le certificat de dépôt
certified public accountant   l'expert-comptable (public) *m*
chairman   le président
chairman of the board   le président du conseil d'administration
change   le changement, le change; la monnaie

change   changer, échanger
characteristic   la caractéristique
charge   le frais, la charge
charity   la charité
cheap   bon marché
cheaper   meilleur marché
check   le chèque
check   vérifier
checkbook   le chéquier, le carnet de chèques
checking account   le compte chèques, le compte courant
chief executive officer (CEO)   le président-directeur général (PDG)
choice   le choix
circulation   la circulation
circumstance   la circonstance
claim   l'exigence f, la revendication
claim   revendiquer
client   le client
climate   le climat
close   fermer
closing   la fermeture, le clos
cocoa   le cacao
coefficient   le coefficient
coffee   le café
coin   la pièce
coins   la monnaie
collect   prélever, percevoir
collected data   les données recueillies f pl
collective   collectif
collective property   la propriété collective
colonizer   le colonisateur
colony   la colonie
column   la colonne
combination   la combinaison
come   venir
commercial   commercial
commercial bank   la banque commerciale
commercial instruments   les effets de commerce m pl
commission   la commission, la prime
commitment   l'engagement m
committee   le comité
common   commun, courant
common stock   l'action ordinaire f
Commonwealth of Independent States   la Communauté des Etats indépendants
communicate   communiquer

communism   le communisme
company   la compagnie, l'entreprise f, la société
compare   comparer
compensate   compenser
competition   la concurrence
competitiveness   la compétitivité
competitor   le concurrent
complementary products   les biens complémentaires m pl, les complémentaires m pl
complicated   compliqué
compound interest   l'intérêt composé m
comprehensible   compréhensible
comptroller   le contrôleur
computer   l'ordinateur m
concentration   la concentration
concern   concerner
concerned   concerné
conclude   conclure
condition   la condition, l'état m
conflict   le conflit
confront   faire face à
conglomerate   le conglomérat
conserve   conserver
consider   considérer
constant   constant
constitute   constituer
construct   construire
construction   la construction
construction worker   l'ouvrier en bâtiment m
consumer   le consommateur
consumption   la consommation
contingency   la contingence
contract   le contrat
contribute   contribuer
contribution   la contribution
control   le contrôle
control   contrôler, régler
controlled   contrôlé
controller   le contrôleur
convenience   la commodité
coordinate   coordonner
copper   le cuivre
corporate taxes   les impôts de société m pl
corporation   la société anonyme
correct   corriger
correspond   correspondre

corresponding   correspondant
cost   le coût
cost of opportunity   le manque à gagner
cost recovery   la récupération du coût
counteract   contrecarrer
court   le tribunal
cover expenses   couvrir les frais
craftsman   l'artisan *m*
create   créer
creation   la création
credit balance   le solde créditeur
credit bank   la banque de crédit
credit card   la carte de crédit
credit union   la coopérative de crédit
creditor   le créancier
crisis   la crise
criterion   le critère
currency   la monnaie, la devise
current   actuel
current assets   l'actif réalisable *m*
current liability   le passif exigible
current (operations) account   le compte
    des opérations courantes
currently   actuellement
curve   la courbe
customs duty   le droit de douane. le tarif
    douanier
cyclical unemployment   le chômage
    conjoncturel

D

damages   les dommages *m pl*
data   les données *f pl*
day-to-day account   le compte à vue
debt   la dette
debtor   le débiteur
decade   la décennie
decide   décider
decision   la décision
decision making   la prise de décisions
decrease   la diminution
decrease   diminuer
deduct   déduire
deductible   la franchise
deficit   le déficit
define   définir
degree   le degré
degressive   dégressif
demand   exiger, réclamer, revendiquer

demand account   le compte à vue
demand deposit   le dépôt à vue
demanding   exigeant
department   le service
department head   le chef de service
depend   dépendre
dependent   dépendant
deposit   le dépôt, le versement
deposit   verser, déposer
deposit bank   la banque de dépôt
deposit slip   le bordereau de versement
depreciable   dépréciable
depreciation   la dépréciation,
    l'amortissement *m*
depreciation allowance   la dotation aux
    amortissements
depression   la crise économique
derive an income   tirer un revenu
describe   décrire
desirable   souhaitable
desire   le désir
determine   déterminer
devalue   dévaluer
developing   en voie de développement
deviation   la déviation
devote   consacrer
difference   le différend, la différence
different   différent
difficult   difficile
difficulty   la difficulté
disadvantage   le désavantage,
    l'inconvénient *m*
disapprove   rejeter
discount   l'escompte *m,* la réduction
discount rate   le taux d'escompte
discover   découvrir
discovery   la découverte
dissolve   dissoudre
dissolved   dissout
distribute   distribuer
distribution   la distribution, la
    répartition
distributor   le distributeur
diversify   diversifier
divide   diviser
dividend   le dividende
divisible   divisible
divorce   le divorce
domicile   le domicile

dominant   dominant
duration   la durée

E

earnings per share   le bénéfice par action
ease   la facilité
easy   facile
economic   économique
economic bankruptcy   la faillite économique
economic growth   la croissance économique
economist   l'économiste *m*
economize   économiser
economy   l'économie *f*
education   l'éducation *f*   l'enseignement *m*
effect   l'effet *m*
efficiency   l'efficacité *f*
elapse   s'écouler
elect   élire
elected   élu
election   l'élection *f*
electricity   l'électricité *f*
eliminate   éliminer
elimination   l'élimination *f*
elsewhere   ailleurs
emphasize   mettre en valeur
employee   l'employé *m*
employment   l'emploi *m*
employment rate   le taux d'emploi
encourage   encourager, inciter
end at   aboutir
energy   l'énergie *f*
engender   engendrer
enormous   énorme
ensure   assurer
enter   inscrire
enter into an agreement   conclure un accord
environment   l'environnement *m*
environmental protection   la protection de l'environnement
equal   égal
equipement   l'équipement *m*, le matériel
equitable   équitable
establish   établir, fixer
eternal   éternel
evaluate   évaluer
everywhere   partout

exact   exact, précis
example   l'exemple *m*
exceed   dépasser
exchange   l'échange *m*
exchange   échanger
exchange rate   le taux du change
executive   le cadre
exempt   exempté
exemption   l'exemption *f*
exert   exercer
exhaustible   épuisable
exist   exister
expenditure   la dépense
expense   la dépense, le frais
expensive   cher
experience   l'expérience *f*
explain   expliquer
export   l'exportation *f*
export   exporter
exportation   l'exportation *f*

F

face value   la valeur nominale
facilitate   faciliter
fact   le fait
factor   le facteur
factors market   le marché des facteurs
factory   l'usine *f*
fail   échouer
failure   la faillite
fall through   ne pas aboutir
farmer   l'agriculteur *m*
fascism   le fascisme
fax machine   le télécopieur
Federal Reserve Board   la Commission fédérale de réserve
Federal Reserve System   le Système fédéral de réserve
federal taxes   les impôts fédéraux *m pl*
field   le domaine
figure   le chiffre
file for bankruptcy   déposer son bilan
fill out   remplir
final   définitif
finance   la finance, le financement
finance   financer
financial bankruptcy   la faillite financière
financial market   le marché financier

financial statement   l'état financier *m*
financing   le financement
find   trouver
finished product   le produit fini
fire insurance   l'assurance incendie *f*
fiscal period   l'exercice *m*, la période fiscale
fiscal policy   la politique fiscale
fixed   fixe
fixed assets   les actifs immobilisés *m pl*, les biens immobilisés *m pl*, les immobilisations *f pl*
fixed expense   le frais fixe
flexibility   la flexibilité
flow   le flux
fluctuate freely   fluctuer librement
fluctuation   la fluctuation
food   la nourriture
food stamps   les bons d'alimentation *m pl*
forecast   la prévision, le pronostic, la projection
forecast   prévoir, pronostiquer, projeter
forecast account   le compte à préavis
foreign   étranger
foreign aid   l'aide extérieure *f*
foreign currency   les devises *f pl*
foreign exchange market   le marché de devises, le marché du change
foreman   le contremaître, l'agent de maîtrise *m*
foresee   prévoir
formula   la formule
founded on   fondé sur
framework   le cadre
free enterprise   l'entreprise libre *f*
free market   le marché libre
free-market economy   l'économie de la liberté du marché *f*
free trade   l'échange libre *f*
freedom of the marketplace   la liberté du marché
frequent   fréquent
frequently   fréquemment
frictional unemployment   le chômage frictionnel
friendly   amical
full employment   le plein emploi
function   la fonction

function   fonctionner
fund   la caisse, les fonds *m pl*
funds   les fonds *m pl;* les provisions *f pl*
furnish   fournir
furniture   les meubles *m pl*
future   l'avenir *m*, le futur
future value   la valeur future

G

gain   le gain, le profit
gasoline   l'essence *f*
general partnership   la société collective générale
generate   générer
geographic division   la division géographique
giant   géant
gift   le cadeau, le don
give   donner
give up   céder
go down   baisser, diminuer
go up   monter, augmenter
goal   le but
goods and services   les biens et services *m pl*
govern   régir
government bond   le bon du gouvernement, le titre du gouvernement
government intervention   l'intervention du gouvernement *f*
governmental   gouvernemental
graph   le schéma
gratis   gratuit
Great Britain   la Grande-Bretagne
greater   supérieur
gross income   le revenu brut
gross margin   le bénéfice brut, la marge brute
gross national product   le produit national brut
group   le groupe
growth   la croissance
guarantee   garantir

H

habit   l'habitude *f*
happen   arriver, se passer
hard   dur

have available   disposer de
head   le chef
high   le haut
high   élevé
higher   supérieur
highway   l'autoroute f
hire   embaucher, engager
holding company   le holding
honor   l'honneur m
hostile   hostile
human   humain
humanity   l'humanité f

I

idea   l'idée f
identical   identique
ideology   l'idéologie f
illegal   illégal
illegally   illégalement
illiteracy   l'analphabétisme m
import   l'importation f
import   importer
import duty   le tarif douanier
importation   l'importation f
importer   l'importateur m
improve   améliorer
improvement   l'amélioration f
in circulation   circulant, en circulation
incentive program   le programme de motivation
include   inclure
income   le revenu, la recette
increase   l'augmentation f, la hausse
increase   augmenter, monter
incur   encourir
indemnity   l'indemnité f
independent   indépendant
indicate   indiquer
indication   l'indication f
individual   individuel
individual   l'individu m, le particulier
individual retirement account   le compte individuel de retraite
industrial   industriel
industrialized   industrialisé
industrialized country   le pays industrialisé
industry   l'industrie f
inequality   l'inégalité f

inexpensive   bon marché
inferior   inférieur
inflation   l'inflation f
inflict injury or loss on   porter préjudice à
influence   l'influence f
influence   influencer
inform   renseigner
information   les renseignements m pl
infrastructure   l'infrastructure f
inhabitant   l'habitant m
inheritance   l'héritage m
initial investment   l'investissement original m
injunction   l'injonction f
insufficiency   l'insuffisance f
insurance   l'assurance f
insurance company   la compagnie d'assurances
insured person   l'assuré(e) m or f
intangible asset   l'actif incorporel m
intended to   destiné à
intensity   l'intensité f
interaction   l'interaction f
interdependence   l'interdépendance
interest   l'intérêt m
interest-bearing account   le compte à intérêts
interest rate   le taux d'intérêt
interfere with   porter atteinte à
intermediary   l'intermédiaire m
International Monetary Fund   le Fonds international monétaire
interpret   interpréter
intervene   intervenir
intervention   l'intervention f
invention   l'invention f
inventory   l'inventaire m
invest   investir, placer
investment   l'investissement m, le placement
investor   l'investisseur m
invoke   invoquer
IRA   le compte IRA
issuance   l'émission f
issue   émettre
issue a bond   émettre un bon
itemized budget   le budget détaillé
itemized deduction   le déduction détaillée

J

Japan   le Japon
job   le poste
job market   le marché du travail
job stability   la stabilité du travail
joint   joint
judge   le juge

K

keep   garder
Korean   coréen

L

labor force   la population active
land   la terre, le terrain
last   durer
Latin America   l'Amérique Latine *f*
law   la loi
lawyer   l'avocat *m*
lay off   congédier, licencier
least   le moindre
least-possible-harm principle   le principe du moindre mal possible
left   la gauche
legal   légal
legal entity   la personne juridique
legal tender   la monnaie légale
lend   prêter
let   laisser
level   le niveau
leverage   le levier
levy   imposer, prélever
liability   le passif
life expectancy   l'espérance de vie *f*
life insurance   l'assurance vie *f*
limit   la limite
limit   limiter
limited   limité
limited partnership   la société collective limitée
limits of the law   les limites de la légalité *f pl*
liquidity   la liquidité
liquidity ratio   le ratio de liquidité
living standard   le niveau de vie
loan   le prêt
loan association   la caisse d'emprunt
local government   l'administration locale *f*
local tax   l'impôt local *m*

lodging   le logement
long-term   à long terme
longevity   la longévité
look for work   chercher du travail
lose   perdre
loss   la perte
lot   la parcelle de terrain
lottery   la loterie
low   bas
low   le bas
low income   le revenu faible
lower   baisser, diminuer
lowering of taxes   la baisse des impôts
luxury   le luxe
luxury item   l'article de luxe *m*

M

machinery   le matériel, l'outillage *m*
macroeconomics   la macroéconomie
main   principal
maintain   maintenir
maintenance   l'entretien *m*
majority   la majorité, la plupart
make a decision   prendre une décision
make a profit   réaliser un profit
manage   gérer, diriger
management   la direction, la gestion
manager   le gestionnaire, le directeur, le cadre
managing committee   le comité directeur
manner   la manière, la façon
manpower   la main-d'œuvre
manual labor   le travail manuel
manufacture   fabriquer
manufactured   fabriqué
manufacturer   le fabricant
manufacturing   la production
market   le marché
market economy   l'économie de marché *f*
market value   la valeur de marché
marketplace   le marché
material   la matière, le matériel
materials   les matériaux *m pl*
maturity date   la date d'échéance
maximum   maximum
maximum valorization   la valorisation maximum

mean annual income   le revenu annuel moyen
means of communication   le moyen de communication
means of exchange   le moyen d'échange
means of production   le moyen de production
means of transportation   le moyen de transport
measure   mesurer
mechanical   mécanique
mechanism   le mécanisme
meet   rencontrer
meeting   la réunion
member   le membre, l'adhérent *m*
membership   l'affiliation *f*
merchandise   la marchandise
merchant   le marchand
merge   fusionner
merger   la fusion
measure   la mesure
method   la méthode
microeconomics   la microéconomie
million   le million
mineral   le minéral
minimum wage   le salaire minimum
mixed   mixte
model   le modèle
moderate   modéré
modernize   moderniser
modification   la modification
monetary   monétaire
monetary policy   la politique monétaire
money   l'argent *m*
money market   le marché monétaire
monopolistic competition   la concurrence imparfaite
monopoly   le monopole
monthly   mensuel
mortgage   l'hypothèque *f*
movie camera   la caméra de cinéma
multiply   multiplier
municipal bond   le titre municipal
municipality   la municipalité, la localité
mutual fund   la société de placement

N

national bank   la banque nationale
national debt   la dette publique

national defense   la défense nationale
natural gas   le gaz naturel
navy   la marine
necessary   nécessaire
necessity   la nécessité
need   le besoin
needy person   l'indigent *m*
negative   négatif
negotiable   négociable
negotiable instruments   les valeurs négociables *f pl*, les effets de commerce *m pl*
negotiate   négocier
net profit   le bénéfice net
network   le réseau
nonetheless   néanmoins
nonrenewable   épuisable
nonstop   sans cesse
norm   la norme
North American   nord-américain
not-for-profit organization   la société à but non lucratif
note   le bon, l'obligation *f*, le titre
notice   remarquer
notify   prévenir
nuclear   nucléaire
number   le nombre, le numéro, le chiffre
numerous   nombreux

O

object   l'objet *m*
objective   l'objectif *m*
obligate   obliger
obtain   obtenir
obviously   évidemment
offer   offrir
office   le bureau
often   souvent
oil   le pétrole
oil industry   l'industrie pétrolière *f*
oil tanker   le pétrolier
oligopoly   l'oligopole *m*
opening balance   le bilan initial
operate   opérer
operating account   le compte des opérations
operating expenses   les frais d'exploitation *m pl*
opinion   l'opinion *f*

opportunity   l'occasion f
opportunity cost   le manque à gagner
organization   l'organisation f
original   original
other   autre
outcome   l'issue f
over the counter   hors marché
own   posséder
owner   le propriétaire, le titulaire

P

paper money   l'argent papier m
parent company   la maison mère
partial   partiel
participate   participer
participation   la participation
partner   l'associé m
partnership   la société collective
party   la partie
passbook   le livret d'épargne
patent   le brevet
pay   la paie
pay   payer
pay off a debt   s'acquitter d'une dette
payback period   la période de
   remboursement
peak   le sommet
penalty   la pénalité
pension fund   la caisse de retraite
people   le peuple
perceive   percevoir
percentage   le pourcentage
period   la période
permit   permettre
person   la personne, l'individu m
petition   la requête
phenomenon   le phénomène
physical person   la personne physique
picket line   le cordon de piquets
place   l'endroit m, le lieu
plan   le plan
planning   la planification
plant   l'installation f
policy   la police, la politique
political   politique
politics   la politique
poor   pauvre, indigent
population   la population
positive   positif

possess   posséder
post office   la poste
pound sterling   la livre sterling
preceding   précédent
preferred stock   l'action privilégiée f
premises   le local
premium   la prime
present net value   la valeur présente nette
present value   la valeur actuelle
presently   actuellement
president   le président
prevent   empêcher
price   le prix
price increase   la hausse de prix
primary   primaire
primary market   le marché primaire
principal   principal
principle   le principe
principle of exclusion   le principe
   d'exclusion
private   privé
private enterprise   l'entreprise privée f
private goods   les biens privés m pl
private property   la propriété privée
private sector   le secteur privé
privately owned business   l'entreprise de
   propriété individuelle f
problem   le problème
procure   procurer
produce   produire
producer   le fabricant
product   le produit
production capability   la possibilité de
   production
productivity principle   le principe de
   productivité
profit   le bénéfice, le gain
profit   profiter
profit and loss   les gains (profits) et les
   pertes
profit and loss statement   l'état des
   résultats m, l'état des profits et des
   pertes m
profitability   la rentabilité
progress   le progrès
progressive   progressif
project   le projet
promissory note   le billet à ordre
property   la propriété

property tax   l'impôt sur les biens immobiliers *m*, l'impôt foncier *m*
proportion   la proportion
proportionally   proportionnellement
protect   protéger
protectionism   le protectionnisme
protectionist   le protectionniste
provide   fournir
provoke   provoquer
proxy   la procuration
psychologist   le psychologiste
public assistance   l'aide sociale *f*
public education   l'enseignement public *m*
public goods   les biens publics
publicist   le publiciste
pupil (school)   l'écolier *m*
purchase   l'achat *m*
pure   pur
pure competition   la concurrence parfaite
purely   purement
push   pousser
put   mettre
put together   mettre ensemble
put up for sale   mettre en vente

Q

quality   la qualité
quantity   la quantité
quarter   le trimestre, le quart
quarterly   trimestriel
question   la question
quota   le quota
quotation   le cours

R

radically   radicalement
radio   la radio
range   la gamme
rather   plutôt
ratio   le ratio
raw materials   les matières premières *f pl*
reach   toucher
react   réagir
real estate   les biens immobiliers *m pl*
real estate agency   l'agence immobilière *f*
reason   la raison
receipts and expenses   les recettes et dépenses *f pl*
receive   recevoir

recession   la récession
recognize   reconnaître
recommendation   la recommandation
record   enregistrer, inscrire
recourse   le recours
recovery   la reprise
recurrence   la récurrence
redeem   racheter
reduce   réduire, baisser, diminuer
reduction   la réduction, la baisse
refrigerator   le réfrigérateur
refuse   refuser
region   la région
register   enregistrer
registered trademark   la marque déposée
regulate   régler
regulation   le règlement
reject   rejeter
relation   la relation
relationship   le rapport
religious   religieux
relocation expenses   les frais de déplacement *m pl*
remain   rester
remember   rappeler
render   rendre
render accounts   rendre comptes
renegociate   renégocier
renewable   renouvelable
rent   le loyer
rent   louer
rental   la location
replace   remplacer
replenishable   renouvelable
represent   représenter
request   la requête
require   obliger, exiger
research   la recherche
resolve   résoudre
resource   la ressource
response   la réponse
responsibility   la responsabilité
responsible   responsable
result   le résultat
result   résulter
result in (lead to)   aboutir à
retail price   le prix de détail *m*
retained earnings   les bénéfices non distribués *m pl*

retirement account   le compte de retraite
retired person   le retraité
return   le rendement, la reprise, la
   rentrée
return on investment (ROI)   le taux de
   rentabilité moyen
revenue   les recettes *f pl*, le revenu
right   le droit
rise   la hausse
risk   le risque
risky   risqué
rivalry   la rivalité
role   le rôle
rule   la règle
run   courir

S

sacrifice   sacrifier
safeguard   sauvegarder
salary   le salaire
sale   la vente
sales   les ventes, la vente
sales department   le service des ventes
sales forecast   la prévision des ventes
sales representative   le vendeur
sales tax   l'impôt des ventes *m*
same   même
sanction   la sanction
satisfaction   la satisfaction
satisfy   satisfaire
save   économiser, mettre de côté
saving   l'épargne *f*
savings   les économies *f pl*
savings account   le compte d'épargne
savings and loan association   la caisse
   d'emprunt-épargne
savings bank   la caisse d'épargne
savings bond   le bon d'épargne
scarcity   la rareté
school   l'école *f*
search   la recherche
seasonal unemployment   le chômage
   temporaire
secondary market   le marché secondaire
secretary   le secrétaire
Secretary of the Treasury   le secrétaire
   du Trésor
sector   le secteur
security   la sécurité

securities   les valeurs *f pl*
sell   vendre
seller   le vendeur
Senate   le Sénat
senior citizens   les gens du troisième âge
   m pl
series   la série
set aside   mis de côté
setting   le cadre
severity   la sévérité
share   l'action *f*, la partie
share   partager
shareholder   l'actionnaire *m*
shell (empty)   le coquillage
shipping   le transport *m*
short-term   à court terme
shortage   la pénurie
show   montrer
similar   similaire
sizable   de taille
slope   la courbe
slow   lent
slow down   ralentir
slowing down   le ralentissement
Social Security   la Sécurité Sociale
social service   le service social
socialism   le socialisme
society   la société
sociologist   le sociologue
something   quelque chose
sort   la sorte
source   la source
specialize   spécialiser
spend   dépenser
stability   la stabilité
stabilize   stabiliser
stable   stable
standard deduction   la déduction
   standard
start out (up)   débuter
starting (opening) balance   le bilan initial
state   l'état *m*
state bank   la banque d'état
state income tax   l'impôt d'état *m*
statement   l'état *m*, le relevé
stay   rester
stimulate   pousser
stock   l'action *f*
stock farming   l'élevage *m*

stock market   la Bourse, le marché des valeurs
stock quotations   les cours des actions *m pl*
stockholder   l'actionnaire *m*
stockholders' equity   le capital propre
stocks and bonds   les valeurs mobilières *f pl*
store   le magasin
strike   la grève
strike breaker   le brise-grève
striker   le gréviste
striking   frappant
structural unemployment   le chômage structurel
student   l'élève *m* or *f*
study   étudier
subdivision   la subdivision
submit   soumettre
subsidiary   le subsidiaire
subsidized   subventionné
subsidy   le subside
substantial   substantiel
substitute   le substitut, le substitutif
substitute   substituer
subtract   soustraire
such as   tel que
sue   poursuivre
sufficient   suffisant
sum   la somme, le montant, le solde
superior   le supérieur
supervisor   l'agent de maîtrise *m*, le contremaître
supplemental   supplémentaire
supplier   le fournisseur
supply   l'offre *f*
supply and demand   l'offre et la demande *f*
supporting documents   la documentation à l'appui
suppose   supposer
surge   l'essor *m*
surplus   supplémentaire, excédent
synergy   la synergie
synonymous with   homologue de
system   le système

T
table   le tableau
take a chance   encourir un risque
take into account   tenir compte de

take over   acquérir
take part   prendre part
take place   avoir lieu
takeover   l'acquisition *f*
tangible asset   l'actif corporel *m*
tariff   le tarif
task   la tâche
taste   le goût
tax   l'impôt *m*, la taxe
tax   imposer
tax payment   le paiement d'impôt
tax rate   le taux d'impôt
tax return   la déclaration d'impôt
taxable   imposable
taxable income   le revenu imposable
taxpayer   le contribuable
technical   technique
technician   le technicien
technological unemployment   le chômage technologique
technology   la technologie
telegraph   le télégraphe
telephone   le téléphone
temporary   temporaire
tendency   la tendance
theft insurance   l'assurance vol *f*
theory   la théorie
thing   la chose
third party   un tiers
third world   le tiers-monde
thousand   mille, le millier
time account   le compte à terme
time limit   le délai
time value   la valeur temporaire
time value of money   la valeur temporaire de l'argent
tip   le pourboire
tobacco   le tabac
together   ensemble
tolerate   tolérer
ton   la tonne
tools (set of)   l'outillage *m*
top-down system   le système top-down
total   la somme, le total, le solde, le montant
toward   vers
trade   le commerce, le métier
trade association   l'association patronale *f*
trade union   le syndicat de métier

trademark   la marque
trader   l'agent de change *m*
train   entraîner
training   la formation
transfer in kind   le transfert en nature
transform   transformer
transportation   le transport
treasurer   le trésorier
treasury bond   le bon du Trésor
trillion   le billion
trough   le creux
true   véritable
truth   la vérité
try   essayer
type   le type, le genre, la sorte

U

uncontrollable   incontrôlable
undergo   subir
unemployed person   le chômeur
unemployment   le chômage
unemployment rate   le taux de chômage
union   l'union *f*, le syndicat
unite   s'unir
United States   les Etats-Unis *m pl*
unit   l'unité *f*
unlimited   illimité
upkeep   l'entretien *m*
usage   l'usage *m*
use   utiliser, se servir de; consommer
useful   utile
utilization   l'utilisation *f*

V

value   la valeur
variable   variable

variable expenses   les frais variables *m pl*
variation   la variation
various   divers
vendor   le vendeur
verify   vérifier
very important   primordial
video camera   la caméra vidéo
vote   le vote

W

wage   le salaire
wage earner   le salarié
warn   prévenir
way   la façon
weak   faible
weapon   l'arme *f*
week   la semaine
whole   entier
win   gagner
wine   le vin
wish   souhaiter
withdrawal   le retrait
work   le travail
work slowdown   la grève perlée
work stoppage   l'arrêt du travail *m*
worker   l'ouvrier *m*
workplace   le lieu de travail
workshop   l'atelier *m*
World Bank   la Banque mondiale
world market   le marché mondial

Y

yacht   le yacht
year   l'année *f*, l'an *m*
yield   rapporter

INDEX

acquisition, 145

actifs, 127

actionnaires, 91, 97, 110, 111

actions, 41, 97, 100

amortissement, 42, 117

annuité, 124

argent, 63, 99

balance des paiements, 72

Banque mondiale, 81

banques, 64-65, 98

besoins de la société, 3

biens et services, 3

biens complémentaires, 21; privés, 29; publics, 29

bilan, 42, 133

bons du Trésor, 100

budget, 31, 139

caisse de retraite, 99

caisses d'emprunt, 99

capitalisme, 13

change, 79

chômage, 5; conjoncturel, 52; frictionnel, 51; structurel, 52, temporaire, 52

commerce international, 71-73

communisme, 13

compagnies d'assurances, 98

comptabilité de l'entreprise, 42

compte (de) capital, 73; des opérations courantes, 72; des résultats (des profits et des pertes), 42

concurrence, 43

conglomérat, 145

conseil d'administration, 89

consommateur, 3, 19

coopérative de crédit, 98

courtiers, 97

contrôleur, 89-90

courbe de la demande, 20; de l'offre, 22

coûts de production, 43; fixes, 140; variables, 140

créanciers, 99

crise économique, 51

cycle économique, 54

déductions, 117

déficit, 73

demande, 19

dette publique, 31

dettes, 99

devises, 79

direction des entreprises, 89

économie de marché libre, 14

économies contrôlées, 13; mixtes, 14

effets de commerce, 99

entreprises, 89, 109; commerciales, 41; de propriété individuelle, 41, 109

états des bénéfices non distribués, 134; financiers, 133

exportations, 72

faillite, 146

fascisme, 13

finances internationales, 79, 149

flux financier, 128, 139

flux monétaire, 42

fonctions administratives des entreprises, 91

frais fixes, 43; variables, 43

fusion, 145

grèves, 53

importations, 72

impôts, 30, 117; digressifs, 31; progressifs, 31; sur les revenus personnels, 118

inflation, 51, 54

injonction, 53

intérêt composé, 123, 124

intermédiaires financiers, 98

intervention, 79; de l'Etat, 73

investissements, 127

investisseurs, 97

libre-échange, 73

loi de la demande, 5, 19; de «Say», 5

lois et réglementations, 29

macroéconomie, 4

manque à gagner, 3

marché, 19; commercial, 97; de producteurs, 19; des devises, 149; des facteurs, 19; du change, 80; libre, 14.

marchés primaires, 97; secondaires, 97

matières premières, 71

microéconomie, 4

obligations, 99

offre, 21; et demande, 5, 79

oligopole, 44

pays en voie de développement, 71, 81; industrialisés, 71, 81

période de remboursement, 128

personnalité juridique, 110
personne physique, 109
planification financière,
    127, 139
plus-value, 118
point d'équilibre, 139, 141
président-directeur général,
    89
principe de la capacité de
    payer, 30; de la
    productivité, 30; du
    bénéfice, 30; du
    «moindre mal posible»,
    30
produit national brut, 31, 52
produits sembables, 21

pronostics, 139
propriété privée, 13
protectionnisme, 73
ratios financiers, 135
ressources de propriété, 3;
    humaines, 3; rareté de, 3
revenu brut imposable, 119;
    ordinaire, 118
revenus, 21, 30, 117
risque, 129, 150
salaire minimum, 52
socialisme, 13
sociétés anonymes, 41, 89,
    110; collectives, 41,
    109; de placement, 99
syndicats, 53

synérgie, 145
système fédéral de réserve,
    65; financier, 97
systèmes économiques, 13
taux de change, 149; de
    chômage, 52; d'intérêt,
    101, 124; de rentabilité
    interne, 128
titres, 99
transactions internationales,
    149
trésorier, 89-90
valeur temporaire de
    l'argent, 123
vice-président des finances,
    89-90